Michael Freund

Religionen dieser Welt

Lernen an religiösen Artefakten

Michael Freund

Religionen dieser Welt

Lernen an religiösen Artefakten

Rediroma-Verlag

Bibliografische Information der Deutschen Nationalbibliothek:
Die Deutsche Nationalbibliothek verzeichnet diese Publikation in der Deutschen Nationalbibliografie; detaillierte bibliografische Daten sind im Internet über http://portal.dnb.de abrufbar.

ISBN 978-3-98885-031-7

Umschlagillustration: mar_tin (shutterstock.com)

www.rediroma-verlag.de
8,95 Euro (D)

Vorwort

Ist der Mensch ein religiöses Wesen? – Diese Fragestellung wird in verschiedenen Disziplinen der Wissenschaft heftig diskutiert. Fakt ist, dass Religiosität die Ursache für die Entstehung der Religionen ist. Ein Volk ohne jegliche Religion ist der heutigen Religionsethnologie nicht bekannt. Weltweit besitzen alle Ethnien und kulturellen Gruppen in verschiedenen Formen heilige Objekte und Subjekte sowie sakrale Riten und Bräuche. Alle Religionen und Glaubensvorstellungen bzw. Ideologien (im neutralen Sinne) weisen eine soziale Komponente auf. Daher können sie verbindende Wirkung entfalten und zur Entstehung eines Gemeinschaftsgefühls beitragen. Gleichzeitig besteht in diesem sozialen Element enormes Konfliktpotenzial. Auseinandersetzungen, Konflikte und Kriege können einen religiösen Hintergrund aufweisen. Um das Weltgeschehen angemessen verstehen zu können, ist es folglich erforderlich, die Rolle der Religionen zu erfassen und sich dazu adäquates Orientierungswissen anzueignen. Zudem erscheint es für das Leben in einer pluralistischen Gesellschaft notwendig, verschiedene Meinungen und Überzeugungen kennenzulernen und zu respektieren. So lässt sich die Basis für ein respekt- und würdevolles Miteinander schaffen, das ein friedvolles Leben begünstigt.

Die Institution Schule hat hier großen Einfluss und immenses Gestaltungspotenzial. Dieses Werk beschäftigt sich exemplarisch mit zwölf Religionen dieser Welt. Neben den sogenannten „Weltreligionen“ werden auch

kleinere religiöse Gruppen thematisiert. Dies soll den Blick weiten und Einsichten eröffnen. Weltweit gibt es diverse Ausprägungen von Religiosität, die den Schülerinnen und Schüler nähergebracht werden. Dazu gehört die exemplarische Beschäftigung mit Phänomenen, wie z.B. Monotheismus, Polytheismus, Animismus, Panentheismus, Schriftreligion, Kultreligion usw. Um dies zu erreichen, umfasst dieser Band fachlich fundierte Informationstexte, die sich mit der jeweiligen „Sache" beschäftigen. Um die gelebte Religion zu fokussieren und Lebensweltbezüge zu kreieren, findet das Lernen an religiösen Artefakten nach Claußs Peter Sajak Anwendung. Entsprechende Arbeitsmaterialien ermöglichen den Lernenden, die ausgewählten Religionen zu erschließen und sich so Orientierungs- und Erklärungswissen anzueignen. Zur Kontrolle sind Lösungen und Erwartungshorizonte verfügbar. Zur tiefergehenden Beschäftigung findet sich ein Vorschlag zur Portfolioarbeit.
Dieser Band will einen Beitrag zum interreligiösen Dialog leisten.
Großer Dank gebührt Dr. Martin Dösch für die kritisch-konstruktiven Anregungen und die ertragreichen Diskussionen!

Viel Freude bei der Arbeit mit diesem Werk!

Michael Freund

Gliederung

Didaktische Anmerkungen

Dieses Werk thematisiert zwölf Religion dieser Welt. Zu jeder Religion gibt es einen Informationstext, der die wesentlichen Inhalte prägnant und präzise präsentiert. Selbstverständlich kann hier nur ein Überblick eröffnet werden, stellenweise werden Einblicke geboten. Die Sachtexte sind didaktisch reduziert und können keine religionsspezifische Lernsequenz ersetzen. Dies ist auch nicht intendiert. Vielmehr geht es darum, Orientierungswissen („know that“) aufzubauen. Darunter versteht man jenes Wissen, welches sich jemand erwirbt, um sich in der Welt bzw. auf einem Gebiet zurechtzufinden. Wer über Orientierungswissen verfügt, weiß, dass es den betreffenden Sachverhalt gibt und kann somit situationsgerechter agieren.
Zudem wird jede Religion in religionspraktischer Sicht dargestellt, wobei das Lernen an religiösen Artefakten nach Sajak eine bedeutende Rolle spielt. Dies führt zum Aufbau von Erklärungs- und Deutungswissen („know why”). Diese Form des Wissens erklärt, warum etwas so ist, wie es ist und liefert Erläuterungen für die Existenz und Eigenschaften von Sachverhalten. Dieses Erklärungs- und Deutungswissen wird kontextualisiert und lässt die Religion lebendig erscheinen.

Die Informationstexte zu den jeweiligen Religionen können im schulischen Präsenzunterricht erarbeitet werden, wobei hier der adressatengerechten Anpassung keine Grenzen gesetzt sind. Als Sozialformen sind Einzel-, Partner- und Gruppenarbeit denkbar. Zur

Erstellung des Lernprodukts können die Steckbriefe als Kopiervorlage verwendet werden oder aber die Schülerinnen und Schüler erstellen auf Basis der Steckbriefe Plakate her. Weitere Umsetzungsmöglichkeiten sind denkbar und möglich. Gleichzeitig wäre es auch praktikabel, die Texte als Grundlage für die Erstellung von Referaten zu verwenden und die Präsentation davon als Kernstück des Unterrichts einzusetzen. Eine dritte Option ist die Umsetzung des flipped-classroom-Konzepts, sodass die Lernenden die Religion bzw. die Religionen zu Hause vorbereiten und im schulischen Unterricht eine tiefergehende Auseinandersetzung dazu stattfindet, bei der die Lehrkraft zielgerichtete Impulse setzt, um das Wesen der jeweiligen Religion zu erfassen.
Außerdem bietet es sich an, die Steckbriefe in ansprechender Form aufzubereiten und diese, beispielsweise in Form einer schulhausinternen Ausstellung, einem größeren Publikum zur Verfügung zu stellen.

Das Lernen an religiösen Artefakten nach **Sajak (2010)** bedarf einer kurzen Erläuterung, um dieses angemessen zu realisieren.
Entsprechend dieser Sonderform des religiösen Lernens wird der Unterricht wie folgt artikuliert:

1. ***Einstieg: Phase der inneren Beteiligung***

   - Aufmerksamkeit und Interesse der Lerngruppe wecken, erste Wahrnehmung

2. ***Erarbeitung I: Phase der Entdeckung***

- Das religiöse Artefakt wird genauer untersucht, Details werden wahrgenommen, Leitfragen können entwickelt werden.

3. ***Erarbeitung II: Phase der Kontextualisierung***

- In welchem Zusammenhang steht das religiöse Artefakt im religiösen Alltag? Welche Bedeutung hat es in der religiösen Praxis?

4. ***Vertiefung: Phase der Reflexion***

- Verbindung zwischen dem Zeugnis/Heiligen Gegenstand und dem eigenen Leben herstellen.
- ggf. Verbindung zwischen dem Zeugnis und der eigenen Religion herstellen.

Phase der inneren Beteiligung

In dieser Phase wird der religiöse Gegenstand präsentiert. Die Lernerinnen und Lerner äußern spontan Vermutungen, um was es sich handelt.
Um ein möglichst ganzheitliches Erlebnis zu schaffen, wäre es ideal, wenn die jeweiligen Gegenstände als Realien vorliegen. Einschlägige Internetauktionshäuser bieten hier häufig günstige Kaufgelegenheiten. Die Anschaffung eines „Religions-Koffers“ an der Schule ist eine Überlegung wert.
Alternativ können auch Bilder und Videos präsentiert werden, um innere Beteiligung anzubahnen. Die

Begegnung mit einem Original lässt sich dadurch natürlich nicht gleichwertig ersetzen.

Phase der Entdeckung

In dieser Phase betrachten und ggf. berühren die Schülerinnen und Schüler den religiösen Gegenstand. Sie überlegen, welche Bedeutung dieser hat und wie Gläubige das Artefakt in der religiösen Praxis verwenden. Verschiedene Hypothesen werden gesammelt und diskutiert.

Phase der Kontextualisierung

In dieser Phase wird das religiöse Artefakt kontextualisiert, das heißt in die gelebte Glaubenspraxis eingebettet. Dazu liegen Informationstexte vor. Die erste Frage des Arbeitsblattes „Ein besonderer religiöser Gegenstand“ ermöglicht eine solche Kontextualisierung. Nach der Erarbeitung dieses Arbeitsauftrages sollte eine Zäsur stattfinden und die Schülerinnen und Schüler sollten Gelegenheit haben, ihre Ergebnisse zu präsentieren und diese im Plenum zu diskutieren. Etwaige Missverständnisse oder Fehlvorstellungen können an dieser Stelle geklärt werden.
Evtl. können hier auch Filmausschnitte gezeigt werden. Namhafte Videoportale bieten dazu mannigfache Gelegenheiten.

Phase der Reflexion

In der Phase der Reflexion wird eine Verbindung zwischen dem religiösen Gegenstand und dem eigenen Leben bzw. der eigenen Religion vorgestellt. Der zweite Arbeitsauftrag des Arbeitsblattes „Ein besonderer religiöser Gegenstand" ist darauf gerichtet. Auch hier sollten die Schülerinnen und Schüler ausreichend Gelegenheit haben, ihre Einsichten zu artikulieren und sich im Plenum darüber auszutauschen.

Dieser Band thematisiert, wie bereits konstatiert, zwölf Religionen. Selbstverständlich müssen nicht alle innerhalb einer Unterrichtssequenz behandelt werden. Sollten die Schülerinnen und Schüler tiefergehendes Interesse zeigen, so können diese Portfolios erstellen (und dabei selbst-gesteuert Lernen sowie ihre Medienkompetenz entfalten) und diese auf angemessene Art und Weise im schulischen Unterricht präsentieren (und so ihre Kompetenzen weiterentwickeln).

<u>Quelle:</u>

Sajak, C. P. (2010): Kippa, Kelch, Koran. Kösel Verlag. München. S.44-49

<u>Literatur:</u>

Die folgende Literatur wurde für die Erstellung der Texte verwendet und stellt gleichzeitig eine Literaturempfehlung für eine tiefergehende Beschäftigung mit den Religionen dieser Welt dar:

Auffarth Ch., Bernard J. und Mohr H. (Hrsg.): Religionen der Welt. Verlag J.B. Metzler. Stuttgart. 2006

Harenberg Lexikon der Religionen. Die Religionen und Glaubensgemeinschaften der Welt. Ihre Bedeutung in Alltag, Geschichte und Gesellschaft. Harenberg Verlag. Dortmund. 2002

Tworuschka U. u. M. (Hrsg.): Religionen der Welt. Grundlagen, Entwicklung und Bedeutung in der Gegenwart. Bertelsmann Lexikon Verlag. Gütersloh/München. 1992

Der Glaube der Aborigines

Die Ureinwohner Australiens besiedeln seit ca. 50.000 Jahren diesen Kontinent und entwickelten dort ihre eigene Kultur. Bei den Aborigines (lat. ab origines: „von den Ursprüngen“, „die, welche zuerst da waren“) handelt es sich aber nicht um eine Einheit, sondern um verschiedene Stämme und Gruppen, die sich in ihrer Lebensweise, Sprache und ihren religiösen Vorstellungen voneinander unterscheiden. Als 1770 die ersten Europäer an Land gingen, wurden die in Australien lebenden Menschen als Aborigines zusammengefasst. Trotz aller Unterschiedlichkeiten haben sie auch gemeinsame Überzeugungen. So glauben sie, dass die Erde am Anfang leblos und kahl war. In dieser Phase, die als Traumzeit bezeichnet wird (der Begriff wurde von westlichen Wissenschaftlern geprägt; in den Sprachen der Aborigines gibt es dazu keine wörtliche Entsprechung), begannen die Totemvorfahren, die aus ihrem immerwährenden Schlaf erwachten unter der Oberfläche aufzutauchen. Diese übernatürlichen Wesen waren jeweils mit einem bestimmten Tier oder einer bestimmten Pflanze verbunden. Sie wandelten umher und gestalteten die Erde mit ihrer Schöpfungskraft. Berge, Hügel, Flüsse, Seen und alles, was es in der Natur gibt, sind Zeichen der Taten der Totemvorfahren. Zudem erschufen sie als Vorbild und Ideal Pflanzen, Tiere und Menschen. Die Totemvorfahren richteten die sozialen und religiösen Gebräuche, Rituale und Ordnungen ein, wie z.B. Heiratsordnung oder Initiation (Daher werde sie auch als „Kulturheroen“ bezeichnet; die Gesetze, die aus der Traumzeit stammen, gelten als heilig und werden „Aboriginal Law“ genannt; sie sind unabänderlich und für alle Menschen verbindlich). Des Weiteren lehrten sie Techniken zur Jagd und zum Fischfang und sie sorgen dafür, dass die Erde ihren Lauf nimmt (Jahreszeiten, Jahreswechsel, Vegetationsrhythmen usw.). Indem diese übernatürlichen Wesen ihre schöpferischen Zeichen setzten, gaben sie der Welt ihre unverletzliche Ordnung, die noch heute existiert. Dabei gingen die Traumzeitwesen selbst in das Land ein und hinterließen Stellen, an denen immer noch ihre Kräfte wirken.

In den Mythen, Erzählungen und mündlichen Überlieferungen (schriftliche Aufzeichnungen existieren nicht) der Aborigines werden die Orte benannt, an denen die Totemvorfahren gewandert sind und gewirkt haben oder Plätze, an denen religiöse Zeremonien stattfanden. Diese Schauplätze sind den Aborigines heilig. In ihnen spiegelt sich ihre Geschichte und die Schöpfung der Welt. Dieser Weg der Totemvorfahren verbinden die verschiedenen Gruppen und Stämme miteinander. In fruchtbaren und guten Zeiten wurden auch große Ritualfeste gefeiert und Aborigines von weit her kamen zusammen, um gemeinsam zu danken.

Diese enge Verbindung von Menschen zum Land, die auch die Vorfahren und die Geschichte des Volkes miteinander verbindet, führt dazu, dass die Aborigines, die ihr Land verlieren bzw. denen es genommen wird, auch ihre Identität verlieren. Aborigines können nicht einfach woanders einen Neuanfang machen, da ihnen die Verbindung zu diesem Land fehlt, kein passender Mythos existiert.

Tjurunga

Ein Tjurunga oder Churinga, Tjuringa ist ein Gegenstand mit religiöser Bedeutung.
Auf jedem Tjurunga befindet sich ein Totem der Gruppe, der es gehört. Tjurunga sind den Aborigines heilig. Daher ist es nur einigen wenigen Auserwählten erlaubt, sie zu betrachten. Strenggenommen ist es verboten, ein Bild davon zu fertigen.
An jedes einzelne Tjurunga sind Legenden, Gesänge und Zeremonie gebunden. Weil diese religiösen Gegenstände als dermaßen heilig angesehen werden, ist es nur wenigen Personen gestattet, sie zu nutzen. Vor und während des frühen 20. Jahrhunderts war es nur initiierten Männer erlaubt, diese heiligen Gegenstände anzusehen oder anzufassen. Frauen und nicht initiierten Männern war es nicht erlaubt, sie zu berühren oder zu sehen, außer aus großer Entfernung. Die Tjurunga wurden vom Rest der Gruppe an einem heiligen Ort geheim aufbewahrt, der ebenfalls nicht für Nichtinitiierte und Frauen erreichbar war.
In vielen Mythen wird gesagt, dass die Ahnen selbst Tjurunga benutzt haben und sie sicher aufbewahrten. Sie galten vielfach als ihr wertvollster Besitz. Solche Mythen und Erzählungen betonen die lebenserhaltenden magischen Eigenschaften dieser Tjurunga. Die Ahnen betrachteten ihr Tjurunga als Teil ihres Ichs, ihrer Existenz. Daher versuchten sie es besonders zu schützen. Entsprechend gibt es zahlreiche Erzählungen über Diebstahl und Raub, die grausame Rache herbeiführten.

Während ein Tjurunga nützlich für den Einzelnen war, wurde das gemeinsame Schicksal der Gruppe als mit dem Gegenstand verknüpft betrachtet. Nicht zuletzt war es das Totem, das dafür sorgte, dass die Gruppe durch das Tjurunga zu sich selbst fand.

Ein solches Tjurunga ist der Bullroarer, auch Schwirrholz oder Schwirrgerät genannt. Die Aborigines bezeichnen ihn auch als Bora-Bora oder Bugurum.

Das Schwirrgerät ist ein flaches, meist ovales Stück Holz von 15 bis 50 cm Länge mit abgerundeten Kanten, das an einer Schnur im Kreis geschwungen wird. Dabei wird das Holz um sich selbst in Drehung versetzt und die Schnur verdrillt. So entstehen Wirbel und die Druckvariation der Wirbel erzeugt einen tiefen, auf- und abschwellenden Ton, der bei Steigerung der Geschwindigkeit in ein Brummen oder Sirren übergeht.

Das Schwirrgerät kommt in der Traumzeitgeschichte der Aborigines Byamee and the Bullroarer vor. Der Byamee (auch Baiame genannt) ist ein Traumzeitwesen, das dem Schwirrgerät seine, nur ihm eigenen Töne verleiht.

In anderen Regionen glaubt man, dass das Schwirrgerät die Stimme der großen Regenbogenschlange Yurlunggur erklingen lässt. Die Regenbogenschlange formte in ihrer Erscheinung als weiblicher Erdgeist auf der Erde Berge, Täler und Wasserlöcher. In ihrer männlichen Erscheinung als Sonne schuf sie den Regenbogen.

Die Aborigines setzen ihre oft reich bemalten und mit Schnitzereien versehenen Schwirrgeräte auch zur rituellen Kommunikation mit ihren Ahnen ein und um ihre Zeremonien zu initiieren.

Traditionelle Religionen in Afrika

Ursprüngliche Religionen sind in Afrika mittlerweile eine Minderheit und werden in etwa von 10 % der Bevölkerung ausgelebt. Diese religiöse Praxis findet hauptsächlich südlich der Sahara und in eher ländlichen Gebieten statt. Traditionelle Religionen werden durch den starken Einfluss von Christentum und Islam immer mehr verwässert, zumal keine schriftlichen Aufzeichnungen existieren und die religiösen Inhalte mündlich überliefert werden. In den verschiedenen Gruppen gibt es folglich verschiedene Glaubensformen und Götter. Es ist daher nicht sinnvoll von einer Einheit zu sprechen. Jedoch gibt es in aller Verschiedenheit einige gemeinsame Merkmale und Ähnlichkeiten.

In traditionellen afrikanischen Religionen spielt der Glaube in sämtlichen Lebens- und Daseinsformen eine entscheidende Rolle. Die Welt ist ein beseeltes Ganzes ohne eine Trennung zwischen Diesseits und Jenseits (Diese sind wie zwei Räume in einem Haus). Die Menschen glauben an eine schöpferische Macht und an magische Kräfte, die aus dem unsichtbaren Bereich des Daseins in die sichtbare Welt hineinwirken und denen man sich nicht entziehen kann. In der unsichtbaren Welt leben Götter, die Verstorbenen und Geister, die aber nicht auf einer Ebene existieren.

Die Götter stehen an oberster Stelle und wurden selbst von einem Schöpfergott erschaffen. Die Dogon in Mali nennen ihn Amma, bei den Bamilike in Kamerun heißt er Nsi. Die Fon und die Ewe in Benin nennen ihn Mawu. Die Menschen bauen aber kein direktes Verhältnis zu diesem obersten Gott auf, da er zu hoch im Ansehen steht, als dass er ständig wegen menschlicher Sorgen und Nöte bemüht werden könne. Dieser Gott ist nicht greifbar und weniger eine Gestalt als eine Kraft. Häufig steht diesem Gott ein weiblicher Teil zur Seite, Lissa bei Mawu, Amma mit Mutter Erde und Nsi neben Ndem.

Die Götter, mit denen sich die Menschen rituell verständigen, sind die Nachkommen des Schöpfergottes. Die meisten Gruppen in Afrika haben eigene Gottheiten, von denen jede einzelne für bestimmte Aufgaben zuständig ist, wie z.B. Fruchtbarkeit, Gerechtigkeit, Krankheiten usw.

Einige Gruppen kennen nur den einen Hauptgott, der als Stammvater ihre Ahnen oder die Vorfahren ihrer Könige hervorgebracht haben. Diese haben göttlichen Rang und gelten als unsterblich. Bei einem Todesfall sagt man, sie seien „gegangen".

Die Ahnen sind die nächste religiöse Stelle unterhalb der Götter. Sie sind durch persönliche Verwandtschaft den Menschen verbunden und Ansprechpartner in Sachen Schutz und Hilfe. Sie haben ähnliche Kompetenzen wie Götter, teilweise vertreten sie die Götter in gewisser Weise. So werden sie um Rat in landwirtschaftlichen Fragen gebeten oder sie sollen dörfliche Konflikte bereinigen.

Die Welt der Ahnen befindet sich unter der Erde und sieht genauso aus wie die Welt der Lebenden. Das Dasein der Mensch findet hier nach dem Tod seine Fortsetzung. Voraussetzung dafür ist, dass dem Toten charakterliche Integrität bezeugt werden kann. Zudem müssen Nachkommen vorhanden sein, die den Ahnen versorgen können. Geschieht dies nicht, so entwickelt sich der Ahn zu einem bösen Geist, der zwischen den Welten der Lebenden und der Toten hin- und her wandelt und sein Heimatdorf mit Unheil und Schaden überzieht. Folglich besteht zwischen den Nachkommen und den Ahnen eine wechselseitige Abhängigkeit.

Die Verstorbenen sind den Lebenden als Ahnengeister gegenwärtig und sie halten sich nicht nur im Reich der Toten auf, sondern auch auf heiligen Bergen, in Bäumen, Seen, Totemtieren usw.

Neben den Ahnengeister existieren Naturgeister, die nicht immer zweifelsfrei voneinander unterschieden werden können. Naturgeister sind die Seelen der Bäume, Büsche, Berge usw. und wirken regional begrenzt.

Um Schutz vor bösen Geistern zu erlangen, werden den Göttern und Ahnen Opfer erbracht, damit diese im Notfall Hilfe bringen.

Afrikanische Masken

Masken werden in den verschiedenen traditionellen Religionen Afrikas in unterschiedlichen Zusammenhängen genutzt. Eine Verwendung hängt mit dem Totenkult zusammen.

Ein Verstorbener benötigt den Beistand seiner Verwandten, um in das Totenreich einzuziehen. Dies erfordert ein aufwändiges Ritual und ist unverzichtbar, da sich ansonsten die Seelen der Toten in böse Geister verwandeln und auf der Erde Unheil und Schaden anrichten. In verschiedenen afrikanischen Gruppen werden dazu Maskentänze aufgeführt (meistens aber nur für männliche Verstorbene).
Masken ermöglichen als Medien die Kommunikation zwischen den Lebenden und den Toten. Sie werden aus Holz geschnitzt und stellen menschliche Gesichter dar, aber auch Tierköpfe, Dämonen oder abstrakte Symbole. Sie sind Sinnbilder für gute und böse Geister. In religiösen Zeremonien sind die Geister in der Maske gegenwärtig, die von ausgewählten jungen Männern getragen werden. Die Maskentänzer werden vom Medizinmann oder Priester auf ihre Aufgabe vorbereitet. Dazu nehmen sie eine besondere Medizin zu sich, die es ihnen ermöglicht, vollkommen mit der Maske zu verschmelzen. Das Tragen der Maske ist den Mitgliedern des Maskenbundes vorbehalten. Nur sie sind in die Geheimnisse eingeweiht. Außerdem tragen sie bei der Zeremonie ein Kostüm. Sie dürfen nicht als Person erkennbar sein, da der Tänzer während der Zeremonie zum Medium wird.

Für Uneingeweihte ist bereits das Berühren der Maske gefährlich, da diese eine magische Kraft besitzt (allerdings nur getanzte Masken, die vom Priester geweiht wurden und in die bereits ein Geist hineingefahren ist).

Der Buddhismus

Der Buddhismus zählt zu den fünf Weltreligionen und hat seine Ursprünge im 6. Jahrhundert vor Christus. Innerhalb dieser nimmt er eine Sonderstellung ein, da es in dieser Religion keinen Schöpfergott gibt und auch so etwas wie ein „personaler Kern" in Form einer „ewigen Seele" unbekannt ist. Der Glaube an eine Seele ist für Buddhisten eine Fessel, die es zu lösen gilt. Erst wenn ein Mensch den „Pfad der Edlen" geht, wird er zum wahren Menschen (Ariya/Edle,Edler).
Buddha (=der Erleuchtete; bürgerlicher Name Gautama Siddharta), der Begründer dieser Religion, hat sich selbst nicht als Prophet oder Sohn Gottes betrachtet, sondern als einen voll erwachten Menschen. Buddhisten streben einen Zustand vollkommener Befreiung an, das Nirvana. Als Weg dazu gilt der Achtfache Pfad. Die Vier Edlen Wahrheiten begründen, warum man den Befreiungspfad beschreiten sollte. Diese umfassen das Leiden des Menschen, die Ursachen des Leidens, das Ende des Leidens und den Inneren Weg dahin.
Die Edle Wahrheit vom Leiden ist die Erkenntnis, dass Leben „leidvoll" ist. Auch positive und angenehme Erfahrungen werden früher oder später zu Leid, da diese Zustände nicht dauerhaft anhalten können.
Die Edle Wahrheit von der Leidursache besagt, dass der Durst nach Wiedergeburt, nach Sinnesgenüssen usw. den Menschen von der wahren Befreiung abhalten.

Die Edle Wahrheit vom Leidensende besagt, dass das Versiegen des o.g. Durstes befreiend wirkt („Seinlassen“, „Nichtmehranhaften“, „Sich-von-ihm-Befreien“).
Die Edle Wahrheit vom „Inneren Weg“ zum Leidensende ist der Edle Achtfache Pfad, der sich in die Bereiche ethische Motivation (Treffliche Rede, Treffliches Handeln, Trefflicher Lebenserwerb), Geistige Ruhe (Treffliche Bemühung, Treffliche Achtsamkeit, Treffliche Konzentration) sowie intuitives Wissen (Treffliche Sicht, Trefflicher Entschluss) untergliedern lässt. Diese drei Bereiche stehen in wechselseitiger Abhängigkeit zueinander.
Buddhisten feiern allmonatlich die vier Mondwendtage Uposatha. Hier versammeln sich auch Laien in buddhistischen Klöstern zu Zeremonien.
Im Buddhismus herrscht der Glaube an einen Kreislauf der Wiedergeburt vor. Ebenso glauben Buddhisten an die Wirkung von Karma.
Daraus folgt, dass das gegenwärtige Dasein nicht das erste und (in der Regel) auch nicht das letzte ist und dass dieses durch das Karma, also der Summe aller guten und schlechten Taten eines Wesens, bestimmt ist. Durch die Anerkennung der Vier Edlen Wahrheiten und dem Begehen des Edlen Achtfachen Pfades, kann man diesem Kreislauf der Wiedergeburt entkommen. Hilfreich hierzu sind Meditationstechniken und spirituelle Übungen.
Zum alltäglichen Leben gläubiger Laien zählt unter anderem der Glaube an die positive Wirkung von Talismanen. Auch die Existenz von Göttern und Geistern, die in das menschliche Leben eingreifen, wird nicht bestritten.

Im Laufe der Jahrhunderte haben sich im Buddhismus verschiedene Strömungen entwickelt, die sich teilweise erheblich voneinander unterscheiden. Die großen Richtungen sind der tantrische Buddhismus, der Mahayana- und der Hinayana-Buddhismus.
Die Verbreitung des Buddhismus ist hauptsächlich in Asien, obwohl auch in Amerika und Europa viele Anhänger (des Zen-Buddhismus) leben.

Opferschalen

Ein häufiges Ritual, das in Tempeln abgehalten wird, ist die Puja, eine Andacht zu Ehren Buddhas. Dabei werden Rauch, Blumen, Speisen und dergleichen geopfert. Die Opferung wirkt sich positiv auf das Karma aus, jedoch ist Buddhisten klar, dass sie durch diese Praxis kein Nirwana erreichen können. Ein weiterer Gesichtspunkt von Opfergaben im Buddhismus ist das Üben von Freigiebigkeit. Sie ist eine der sechs Handlungen eines Bodhisattvas (Pāramitās), die zur Erleuchtung führen. Das Darbringen von äußeren und inneren Objekten ist Teil eines Geistestrainings.
Opfergaben gibt es aber nicht nur in Tempeln, sondern auch in Hausaltären.
Opferungen sind mehr als traditionelles Brauchtum und die Darbringung der materiellen Gaben. Sie gelten als ein lebendiger Ausdruck des Versprechens, allen Lebewesen zu nutzen. Die Opfergabe ist ein Gegenmittel gegen die materiellen Gewohnheiten der Anhaftung und Begierde.
Das Darbringen von Opfergaben ist ein spiritueller Ritus, um Verdienst und Weisheit anzusammeln und so das Karma positiv zu beeinflussen.
Traditionellerweise handelt es sich um sieben Opferschalen, die allesamt eine eigene spirituelle Bedeutung haben und meist mit buddhistischen Glückssymbolen verziert sind. Die sieben Schalen symbolisieren die Sieben Zweige zur Reinigung negativer Geistesströmungen und zur Mehrung von Verdiensten. Die Opferschalen werden täglich neu aufgestellt und nach der Verwendung rituell gereinigt.

Der Candomblé

Die Religion des Candomblé hat ihren Ursprung in afrikanischen Mythen und spielt hauptsächlich in Brasilien eine Rolle. Die Wurzeln dieser Glaubensüberzeugungen liegen in Nigeria beim Yoruba-Volk und beim Volk der Bantu. Sie wurden über die Verschleppung und Versklavung nach Südamerika transportiert. Das Wort Candomblé setzt sich aus den Wörtern can („Strick"), dom („auswerfen") und bla („anbinden") zusammen, die der Adscha-Ewe-Sprachgruppe (Reich Dahomey) angehören. Es könnte eine symbolische Beschreibung der Kultpraxis darstellen oder ein Synonym für „Tanzplatz" sein. Im Candomblé gibt es ganz unterschiedliche Ausprägungen, Gottheiten, Sprachen usw. Im Candomblé wird die irdische Welt (aiye) als Spiegelbild der Welt der Gottheiten (orun) betrachtet. Um in ein harmonisches Gleichgewicht zu gelangen, müssen die Gläubigen ein wechselseitiges Verhältnis mit ihrer persönlichen Gottheit eingehen. Diese wird Orixá (gesprochen „orischá") genannt und bedeutet in der Sprache der Yoruba „Abbild". Die Orixás haben sehr menschliche Eigentümlichkeiten. Zum Beispiel lieben sie farbenfrohe Kleidung oder Zuckerrohrschnaps. Die einen rauchen Zigaretten, andere haben ihre Lieblingsspeise usw.

Die Heiligen sind im Gegensatz zum obersten Gott Olorun „ansprechbar".

Nur wenn man dem persönlichen Orixá die entsprechenden Speisen darbringt und alle Gebote und Einschränkungen einhält, ist es möglich, von ihm magische Kraft (axé) zu erhalten. Nur durch das

Zusammenspiel zwischen dem Menschen und seinem Orixá lässt sich die Wirkung entfalten. Die Existenz selbst ist von der Verehrung der Menschen abhängig. In der kulturellen und religiösen Praxis besitzt jeder Orixá einen eigenen Trommelschlag, Tanzschritte, Gesänge, Farben usw.

Eine Vielzahl an Legenden und Mythen gehört zum Candomblé dazu. In Trance geben die Orixás sich zu erkennen. Nur in diesem Zustand können die Gläubigen mit ihren persönlichen Orixá kommunizieren.

In dieser afrobrasilianischen Religion werden christliche Elemente integriert. So werden katholische Heilige und Orixás gleichgesetzt. Auch der christliche Kalender ist auf das Zeitalter der Versklavung durch die Kolonialmächte zurückzuführen.

Die Ausübung der Religion findet in Tempeln statt. Die Candomblé-Tempel werden Casas (Häuser), roças oder Terreiros genannt.

Die Candomblé-Musik

Die Gottheiten des Candomblé, die Orixás, werden durch Trommeln, Gesang und Tanz angerufen. Manche Rhythmen werden nur für einen Orixá verwendet. Andere werden mit unterschiedlichen Gesängen begleitet und für mehrere Orixás gespielt. Insgesamt gibt es mehr als 50 verschiedene Rhythmen und je nach Glaubensgemeinschaft bis zu 500 verschiedene Gesänge.
Die Orixás werden bei jeder Zeremonie in einer bestimmten Reihenfolge angerufen: Als erstes kommt immer Exú, der Türhüter und Geisterbote des Guten und des Bösen, danach folgen Ogum (Luft, Energie, Aktion, Kriege), Oxóssi (Wälder, Jagd, Vegetation, Fruchtbarkeit), Obaluaiê (Krankheit und Heilung), Ossaim (Berge und Pflanzen), Oxumaré (Wasser und Luft, Regenbogen), Xangô (Donner und Blitz), Oxum (Süßwasser, Wasserfälle), Iansã (Winde und Stürme), Nanã (Grund der Flüsse und Meere), Iemanjá (Göttin des Meeres) und Oxalá (Höchste Gottheit).
Bei Gesang und Trommelmusik gelangt der Tänzer oder die Tänzerin in Trance und wird vom Wesen des Gottes ergriffen. Diese Rituale finden in Candomblé-Tempeln oder in Wohnungen statt.

Das Christentum

Das Christentum ist eine monotheistische Religion (Glaube an einen Gott), die sich aus dem Judentum heraus entwickelt hat. Es ist weltweit die größte religiöse Gemeinschaft, die sich aber in viele unterschiedliche Kirchen aufgespalten hat. Dennoch gibt es einige Glaubensüberzeugungen, die von allen Gläubigen geteilt werden. Dazu zählen der Monotheismus, also der Glaube an einen personalen Gott, der die Welt erschaffen hat (Schöpfungslehre) sowie die Dreifaltigkeitslehre. Diese besagt, dass Gott, Jesus Christus und der Heilige Geist eine Einheit bilden. Jesus Christus (griech. Christos „der Gesalbte"; hebräisch „Messias") ist als wahrer Gott und wahrer Mensch am Kreuz gestorben und von den Toten auferstanden, um alle Menschen zu erlösen. Die Gläubigen gedenken dem Tod, der Auferstehung und Himmelfahrt als Kirchengemeinde. In dieser empfangen sie die heiligen Sakramente (insbesondere Taufe und Abendmahl). Des Weiteren glauben Christen an ein ewiges Leben im jenseitigen Himmel. Im Alltag orientieren sich die Christen an dem Gebot der christlichen Nächstenliebe („Du sollst deinen Nächsten lieben, wie dich selbst.") und an den Zehn Geboten (=Dekalog). Das Menschenbild im Christentum erkennt die Unvollkommenheit des Menschen an. Der Mensch ist nicht alleine in der Lage dazu, ein vollständig gerechtes Leben zu führen. Erst die im Leben, Sterben und der Auferstehung von Jesus Christus geschehenen Heilsereignisse befreien den Menschen.

In der gelebten Religion des Christentums nimmt die Feier des Sonntags als Tag der Auferstehung Jesu Christi eine besondere Rolle ein. In Gottesdiensten werden Lieder gesungen, gemeinsam Gebete gesprochen und Lesungen aus der Bibel, der Heiligen Schrift, angehört. In einer Predigt wird die Lesung gedeutet und in einen aktuellen Zusammenhang gebracht. Die Feier des Abendmahls (Kommunion) erinnert an den Tod und die Auferstehung Jesu Christi und die damit einhergehende Erlösung der Menschen.
Die Bibel, die auch als „Wort Gottes", bezeichnet wird, ist die bedeutendste Schrift des Christentums. Sie setzt sich aus einer Vielzahl von einzelnen Büchern zusammen, die zu verschiedenen Zeiten von verschiedenen Autoren verfasst wurde. Obwohl sie von Menschenhand geschrieben wurde, gilt die Bibel als „Gottes Wort in Menschenwort" und somit als Offenbarung für Glauben, Denken, Handeln und Leben der Christen.

Weihwasser

Weihwasser ist ein christliches Segenszeichen. In verschiedenen christlichen Konfessionen dient es neben der Taufe (Eintritt in die Gemeinschaft der Christen/Teil der christlichen Kirche) auch zum Taufgedächtnis und zur Segnung von Personen und Gegenständen.
Weihwasser ist Wasser, welches durch das Sprechen eines Segensgebets zu einem rituellen Gegenstand wird, der eine hohe spirituelle Bedeutung besitzt.
Die symbolische Bedeutung des Weihwassers ist mit der des Wassers zu vergleichen (und somit auch für alle christlichen Konfessionen von Bedeutung). Wasser symbolisiert Leben, Reinigung, Gefährdung und Rettung.
Durch das Segensgebet werden diese Bedeutungen mit dem Durchzug des Volkes Israel durch das Rote Meer (Exodus) und der Taufe Jesu Christi im Jordan verknüpft. Das Nehmen von Weihwasser mit dem Kreuzzeichen erinnert den Gläubigen beim Eintritt in die Kirche an die eigene Taufe.
Die Gläubigen tauchen beim Betreten und Verlassen der Kirche kurz die Hand in das Weihwasserbecken und bezeichnen sich mit dem Kreuzzeichen und erinnern sich so daran, Teil der Kirche und zu der Gemeinschaft der Christen zugehörig zu sein.

Weihwasser wird auch bei anderen religiösen Riten verwendet, unter anderem beim sonntäglichen Taufgedächtnis in der Heiligen Messe, bei der Segnung von religiösen Zeichen und Devotionalien, Gegenständen,

Gebäuden und Orten sowie der kirchlichen Begräbnisfeier.

Weihwasser kann von den Gläubigen aus der Kirche mit nach Hause genommen und dort das Jahr über in Weihwasserbecken in den einzelnen Räumen bereitgehalten werden. Das Sich-Bekreuzigen mit Osterwasser und das Besprengen der Gräber ist eine Segnungsgeste. Das in der Feier der Osternacht in einem eigenen Ritus geweihte Taufwasser wird auch als „Osterwasser“ bezeichnet und hat für Gläubige einen sehr hohen Stellenwert.

Hinduistische Religionen

Häufig wird verkürzt von „Hinduismus“ gesprochen, wenn man eigentlich hinduistische Religionen meint. Der Begriff des Hinduismus ist erst in der Neuzeit entstanden und stellt einen Sammelbegriff dar, der religiöse Strömungen, die im Lauf von zweieinhalb Jahrtausenden auf dem indischen Subkontinent entstanden sind, zusammenfasst. Dabei gibt es zwar durchaus gemeinsame Traditionen, Riten und kulturelle Praktiken, aber auch erheblich Widersprüche in der Lehre. So unterscheiden sich diese hinsichtlich der zu verehrenden Gottheiten, den Erlösungswegen, den heiligen Schriften oder des gelebten Glaubens. Es gibt nicht nur monotheistische Strömungen, sondern auch dualistische und polytheistische. Gott (oder die Götter) werden teilweise persönlich gedacht oder aber auch unpersönlich. Opfergaben sind vegetarisch, tierisch oder sächlich. Priester können einer niederen Kaste angehören oder ausschließlich den Brahmanen (=Priesterkaste).
Das Wort „Hinduismus“ erscheint als persische Form des Sanskritnamens sindhu für den Fluss Indus bzw. das Land, das an diesem Fluss liegt. Während der muslimischen Vorherrschaft in Nordindien wurden alle Inder, die weder Muslime, Christen, Juden oder Parsen waren, als Hindus bezeichnet. Zu diesem Zeitpunkt spielte die Religion dabei aber keine Rolle. Erst als die Europäer nach Indien kamen, wurden die Hindus als Angehörige „einer“ heidnischen Religion angesehen (was aber eigentlich nicht zutreffend war).
Die Hindu-Religionen sind über Jahrhunderte entstanden. Als eine frühe Quelle gilt die vedische Religion,

die nach ihren überlieferten Dichtungen (Veden) benannt ist. Die Veden sind etwa 2000 v. Chr. entstanden. Die vedische Religion spiegelt die nomadische Lebensweise der arischen Stämme wider. Es gibt keine Götterbilder und keine Tempel. Große Bedeutung erlangt das gesprochene Wort. Ebenfalls bedeutsam ist das Opfer. Die vedische Religion kennt keine karma und keine Wiedergeburt. Die vedischen Götter sind sowohl Wesen, mit denen man kommunizieren kann als auch Naturkräfte, die man durch rituelles Handeln beeinflussen kann.
Im Laufe der Zeit entwickelte sich der Opferkult weiter. Großes Augenmerk wird auf die perfekte Ausführung des Opferrituals gelegt und die korrekte Rezitation von heiligen Texten durch den Priester. Da das Wissen über die richtige Opferung nur einer kleinen Minderheit, nämlich den Priestern, bekannt war, wird diese Religion auch als Brahmanismus bezeichnet. Die Brahmanen erhielten so sehr viel religiöse, ökonomische und auch politische Macht.
Der Jainismus und der Buddhismus entwickelten sich als Gegenströmung zum Brahmanismus. Diese religiösen Ansätze versprachen allen Menschen das Heil zu erlangen, nicht nur einer kleinen Elite.
Um auf diese Entwicklungen zu reagieren, wurden in den Hindu-Religionen verschiedene religiöse Praktiken übernommen und integriert, wie z.B. die Bedeutung der Meditation und asketische Lebensweise. Gottheiten wurden nun auch im Dorf-Schrein verehrt und Hindu-Götter wurden mit Mythen und Legenden in Verbindung gebracht. In dieser Zeit entstanden viele heilige Schriften, wie z.B. die Bhagavadgita.

Bei der Ausbreitung der Hindu-Religionen spielten vor allem die Gottheiten Vishnu und Shiva eine Rolle, die Namensgeber für die beiden Hauptströmungen des Hinduismus (Vishnuismus und Shivaismus) sind.
Obwohl es eine Vielzahl verschiedener Ausgestaltungen der Hindu-Religionen gibt, so lassen sich dennoch ein paar Leitgedanken und Grundsätzen benennen, die den meisten Hindus gemeinsam sind.
Ein solcher Hauptgedanken ist die Idee einer Ordnung, die dem Kosmos zugrunde liegt (dharma). Jedes Wesen soll sich entsprechend verhalten und „seinen" Platz in der Welt einnehmen.
Ein weiterer bedeutsamer Gedanken ist die Auffassung vom Werden und Vergehen der Welt: Es gibt keine erste Schöpfung und keine endgültige Vernichtung. Damit eingeschlossen ist der Glaube an Wiedergeburt. In welcher Kaste (gesellschaftliche Schicht) man hineingeboren wird, hängt maßgeblich von dem im vorhergehenden Leben erworbenen karman ab.
Die endgültige Erlösung erhält man, wenn man aus dem Kreislauf der Wiedergeburt ausbricht. Diese Erlösung erfolgt, wenn die Seele des einzelnen Menschen (atman) in die höchste Realität (brahman) eingeht. Dazu muss man den Weg des Handelns und des aktiven Lebens gehen (Handeln gemäß dem eigenen dharma, aber uneigennützig), den Weg des Wissens (Erkenntnis der letztendlichen Einheit hinter der scheinbaren Vielheil der Welt/ Einheit der Einzelseele und dem höchsten Absolutem durch Yoga und Meditation) und den Weg der Gottesliebe (vertrauensvolle Hingabe an den Gott, der dem Gläubigen entgegenkommt).

Om

Om (auch Aum; Sanskrit: ॐ [oːm]) ist eine Silbe, die bei Hindus, Jainas und Buddhisten als heilig gilt. Der Klang symbolisiert den Urklang, aus dessen Vibrationen nach hinduistischem Verständnis die ganze Welt, das ganze Universum, entstanden ist. Die Silbe Om bezeichnet die höchste Gottesvorstellung, das gestalt- und körperlose Brahman, die unpersönliche Weltseele. Dazu zählen nicht nur das Reich der sichtbaren Erscheinungen, sondern auch das Reich des Transzendenten.

In vielen indischen Schriften wird die Silbe Om durch ein spezielles Zeichen dargestellt. Das Om-Zeichen in der Devanagari-Schrift (ॐ) wird oft als Symbol des Hinduismus wahrgenommen.

Für gläubige Hinduisten enthält der Klang der Silbe Om, was war, was ist und was sein wird. Om steht somit für das Leben, das Werden und das Vergehen. Das Aussprechen der Silbe soll den Menschen mit göttlicher Kraft verbinden und helfen, innere Ruhe zu finden und mit der Weltseele Brahman eins zu werden.

In den hinduistischen Religionen gibt es weitere heilige Silben, Verse oder Gebete. Diese werden als Mantras bezeichnet. Viele Hindus sprechen und singen täglich ein oder mehrere Mantras. Beispielsweise früh morgens nach dem Aufstehen, um den Tag zu begrüßen. Das Om ist das bekannteste Mantra der hinduistischen Religionen. Mit ihm beginnen Hindus jeden Vers aus ihren heiligen Schriften.

Der Islam

Der arabische Begriff Islam bedeutet „Hingabe (an Gott)“ bzw. „Ergebung (in Gott)“ und stellt sowohl eine Eigenbezeichnung als auch eine Fremdbezeichnung dar. Diese bezeichnet die Gesamtheit und kulturelle Gemeinschaft der Einzelpersonen, Völker und Staaten, die ihren Ursprung und ihre Zusammengehörigkeit in der Offenbarung des Propheten Mohammed begründet sehen, der im frühen 7. Jahrhundert n. Chr. gewirkt hat. Die Gläubigen bezeichnen sich selbst als Muslime, als „Leute, die sich (Gott) ergeben“. Für Muslime spielt der Koran als heilige Schrift eine herausragende Rolle. Den Überlieferungen zu Folge hat Gott (=Allah) persönlich dem Propheten Mohammed (auch die Schreibweise Muhammad ist gebräuchlich) diesen diktiert. Da der Koran das Wort Gottes darstellt, darf nichts hinzugefügt und/oder weggenommen werden. Auch eine Übersetzung in eine andere Sprache als das Arabische würde den Koran verfälschen. Daher werden bei religiösen Riten ausschließlich arabische Originale verwendet. Im Koran ruft Mohammed zur Unterwerfung unter die Botschaft des „einen, gerechten und barmherzigen Gott“ auf. Der Islam ist folglich eine monotheistische Religion (Glauben an nur einen Gott). Muslime haben den Auftrag, die göttliche Ordnung zu errichten. Quelle dazu ist die Offenbarung Mohammeds. Nach seinen Worten Gottes wird kein weiterer Prophet mehr folgen. Die Lebensäußerungen Mohammeds (sunna), also seine Worte und Taten, vervollständigen die göttliche Botschaft. Für Muslime ist folglich neben dem Koran auch die Sunna heilig. Aus diesen beiden Werken wird erkennbar, welche Regelungen der Mensch in seiner Beziehung zu Gott und in Beziehung zu den Mitmenschen beachten soll und welche Rechte und Pflichten bedeutsam sind.

Für gläubige Muslime spielt die Anerkennung des islamischen Glaubensbekenntnisses eine große Rolle: „Es gibt keinen Gott außer Gott und Muhammad ist sein Prophet". Die Beachtung dieses Grundsatzes sowie das laute Aussprechen davon führen zur Zugehörigkeit der „Gemeinschaft der Gläubigen" (umma). Daraus können zusätzlich vier Hauptpflichten abgeleitet werden, die auch als die „Fünf Säulen des Islam" bezeichnet werden (inkl. Glaubensbekenntnis). Diese sind das fünfmalige tägliche Gebet (salat), das Fasten im Monat Ramadan (saum), das Abführen der Almosensteuer (zakat) und die Pilgerfahrt nach Mekka und Medina (hadsch).

Muslime legen auch großen Wert auf Speisevorschriften. So sind manche Speisen erlaubt (halal), andere verboten (haram). Zu diesen zählen unter anderem Aas, Schwein und Aal. Des Weiteren sind hygienische Vorschriften und Heiratsregeln bedeutsam.

Das gemeinsame Gebet findet in der Moschee statt und wird von einem Vorsteher (imam) geleitet.

Im Islam wird die Abbildung von Gott, dem Propheten Mohammed oder anderen Personen abgelehnt bzw. ist verboten.

Im Laufe der Geschichte haben sich im Islam verschiedene Strömungen entwickelt, die unterschiedliche Glaubensvorstellungen haben. Dazu zählen die Sunniten, die Schiiten und die Sufisten. Radikale und gewaltbereite Fundamentalisten (Islamisten) dürfen nicht mit gläubigen Muslimen, die den Islam leben, verwechselt werden (Islam ist nicht Islamismus!).

Misbaha

Unter einer Misbaha (arabisch مسبحة, DMG misbaḥa, auch Masbaha; Pl. مسابح / masābiḥ) bzw. einer Subha (سبحة, DMG subḥa; Pl. سبح / subaḥ) versteht man eine Gebetskette, die im Islam verwendet wird. In nicht-arabischen Sprachen bzw. Ländern bezeichnet man diese auch als Tasbih, Tesbih oder Tespih. Diese Begriffe bezeichnen in der arabischen Sprache aber eigentlich den Vorgang der Lobpreisung Gottes an sich und sind insofern nicht passend.

Die Gebetskette unterstützt den Gläubigen beim Sprechen bzw. Zählen von Gebetsformeln (Tasbih / تسبيح / tasbīḥ /‚Lobpreisung'; Pl. Tasabih / تسابيح / tasābīḥ). Des Weiteren wird die Misbaha als Glücksbringer benutzt, als religiöses Symbol aufgehängt oder als Halsschmuck getragen.

Die Misbaha ist ein Hilfsmittel bei der Ausführung des Dhikr, einer meditiativen Übung, die der Vergegenwärtigung Gottes dient. Die Gebetskette soll dabei das Abzählen erleichtern, wenn die 99 Namen Allahs gesprochen werden oder Allah – oft als Abschluss des Gebets – mit drei im Islam häufig gebrauchten Formeln gepriesen wird. Der Muslim spricht dabei 33 Mal Subhan-Allah (subḥānahu wa ta'ālā), „gepriesen sei Gott", 33 mal al-hamdulillah (al-ḥamdu li-llāh), „gelobt sei Gott" bzw. „Gott sei Dank", 33 mal Allahu Akbar (allāhu akbar), „Gott ist größer" und einmal das Glaubensbekenntnis (Lā ilāha illā llāh), „es gibt keinen Gott außer (den einen) Gott".

Die 99 Namen Allahs sind Bezeichnungen für die Eigenschaften des Göttlichen.

Das Judentum

Das Judentum ist die älteste monotheistische (Glaube an einen Gott) Religion und weltweit verbreitet. Aus ihr sind das Christentum und der Islam hervorgegangen. Juden glauben an den einen Gott, als Schöpfer der Welt. Da die Gottesbezeichnung JHWH (Jahwe) nur vom Hohenpriester im Tempelkult ausgesprochen werden durfte, gibt es eine Vielzahl von hebräischen Gottesbezeichnungen. Dazu zählen beispielsweise die Begriffe Adonai („Herr"), Elohim („Gott") oder Eljon („Höchster"). Gott hat mit seinem Volk Israel einen Bund geschlossen. Aufgabe der Israeliten ist es, die Tora („Weisung", „Gesetz"; Die Fünf Bücher Mose) zu befolgen und den von Gott offenbarten Willen auszuführen. Der Mensch ist mit einem freien Willen ausgestattet und dazu in der Lage, gute oder schlechte Taten auszuüben. Gott wird über diese Taten richten. Buße und Umkehr sind die Voraussetzungen dafür, dass Böses vergeben wird. Juden glauben an eine Seele, die nach dem Tod weiterlebt. Die Ankunft des Messias („der Gesalbte") wird eine Heilszeit einleiten, die das Ziel der göttlichen Schöpfung darstellt.

Das Gottesbild der Juden zeichnet sich durch verschiedene Gesichtspunkte aus. Gott ist für die Juden einzig. Es gibt keine anderen Götter neben ihm. Er ist der Schöpfer der Welt. Er besitzt keinen Körper, existiert ewig und er hat den alleinigen Anspruch auf Anbetung. Gott hat sich über Propheten seinem Volk Israel mitgeteilt. Dies ist in der Tora festgeschrieben, unveränderlich und auf ewig gültig. Gott kennt zudem alle Taten

und Gedanken der Menschen und er vergilt gute und schlechte Taten.
Das Judentum ist eine Schriftreligion, deren wichtigste Grundlage die Tora ist. Diese gilt als Gesetz und Weisung und besteht aus den Fünf Büchern des Propheten Mose. Doch auch die mündliche Tora, die sich aus den Lehren der Newim (Propheten) und der Ketuwim (Hagiografen) zusammensetzt, ist für die Auslegung der Worte Gottes von großer Bedeutung. Die schriftliche und mündliche Tora wird als Tanach bezeichnet und entspricht in etwa dem Alten Testament der Christen (ist aber nicht identisch!). Die Halacha ist eine Zusammenfassung der Ge- und Verbote, die sich beim Studium des Tanach ergeben.
Juden kommen in der Synagoge zusammen, um ihr religiöses Gemeindeleben zu gestalten. Dazu zählt nicht nur die Feier von Gottesdiensten, Feiern und Zeremonien, sondern auch die Erziehung und Bildung der Kinder und Jugendlichen sowie die Erwachsenenbildung. Häufig sind einer Synagoge soziale Einrichtungen angeschlossen, wie Sozialdienste, Altersheime, Einrichtungen zur Versorgung Bedürftiger usw.
Im religiösen Leben nimmt der Sabbat eine besondere Rolle ein. Dies ist der Tag der Ruhe. Er erinnert an die Schöpfung der Welt in sieben Tagen. Am Sabbat gilt ein striktes Arbeitsverbot.
Feste im Jahreslauf erinnern häufig an die Geschichte des Volkes Israel, wie z.B. Pessach (Auszug aus Ägypten), Schawuot (Übergabe der Zehn Gebote) oder Chanukka (Weihe des zweiten Tempels durch Judas Makkabäus).

In den jüdischen Gemeinden nimmt der Rabbi („Meister“, „Lehrer“) als Gelehrter und Vermittler des Torawissens eine besondere Rolle ein. Er ist für religionsgesetzliche Fragen der Gemeinde verantwortlich und übt häufig auch die Rolle des Seelsorgers aus.

Chamsa – Die schützende Hand der Miriam

Das Symbol der schützenden Hand spielt nicht nur im Judentum eine große Rolle, sondern ist auch im Islam und im Christentum bekannt. Muslime bezeichnen sie als Hand der Fatima, Christen als Hand der Maria. Der Ursprung dieses Symbols liegt jedoch noch weiter zurück. Das Wort Chamsa ist arabisch und bedeutet wie das hebräische Wort Chamesch „fünf". Folglich steht es für die Finger einer Hand.

Obwohl es sich um eine Forme des Aberglaubens handelt, welcher im Judentum eigentlich verpönt ist, gibt es dennoch auch im Judentum tief verwurzelte Vorstellungen in anderen jüdischen Symbolen. Die Hoffnung, den bösen Blick und damit Neid, Missgunst oder auch zu große Bewunderung abzuwenden, gehört dazu.

Die Chamsa erfreut sich im religiösen und säkularen Judentum als Symbol zunehmender Beliebtheit. Es findet sich nicht nur an Halsketten, sondern auch als Kleideraufdruck und in Hausfluren. Häufig sind in der Hand noch Segensprüche abgedruckt oder das Chai.

Verschiedene Quellen in den heiligen Schriften des Judentums, der Tora und dem Talmud, geben Hinweise auf die schützende Hand der Miriam, die über das Leben wacht. »Deine Rechte, o Ewiger, verherrlicht durch Macht, deine Rechte, o Ewiger, zerschmettert den Feind«, ist im 2. Buch Moses 15,6 zu lesen. In Kapitel 17,16 steht geschrieben: »Die Hand liegt auf dem Thron des Ewigen zum Schwur, dass der Ewige von Geschlecht zu Geschlecht gegen Amalek Krieg führen wird.« Wichtig ist die Bedeutung der offenen Hand: »Aharon hob seine Hände zum Volk hin hoch und gab ihnen den Segen.« (3. Buch Moses 9,22). Der Talmud zitiert Rabbi Jochanan mit den Worten: »Ich stamme von den Nachkommen Josefs ab, denen der böse Blick nicht schaden kann.« An anderer Stelle des Talmuds steht indes, »dass dich der böse Blick nur dann treffen kann, wenn du dich um ihn sorgst«.

Quelle:
https://www.juedische-allgemeine.de/allgemein/schuetzende-hand/ (aufgerufen am 19.08.2021)
https://www.zentralratderjuden.de/judentum/symbole/ (aufgerufen am 19.08.2021)

Der Glaube der Maori

Die Maori sind die einheimische Bevölkerung Neuseelands. Sie haben um 1350 n.Chr. begonnen diese Insel zu besiedeln und die dort lebenden Moa-Jäger verdrängt. Traditionell leben die Maori von Landwirtschaft, Jagd und Fischfang. Sie leben in festen Siedlungen und sind bekannt für ihre Schnitzkunst.

Der Glaube der Maori ist den Glaubensvorstellungen anderer Gruppen in Polynesien (griechisch „Vielinselwelt") sehr ähnlich. Weitere gemeinsame Kulturelemente wie Sprache, Wirtschaftsweise, materielle Kultur und Tätowierungsmuster lassen gemeinsame Vorfahren erkennen.

Die ersten Bewohner Polynesiens waren die Manahune, die von einer göttlichen Beseeltheit der Natur und des menschlichen Lebens ausgingen. Diese religiöse Vorstellung bezeichnet man als Animismus. Zur Götterwelt der Manahune gehören Dämonen, Geisterwesen und Götter, die aber nicht allmächtig sind, sondern lediglich einfache Schutzfunktionen besaßen. Zu diesen gottähnlichen Gestalten zählen auch Maui und Tiki, die man als Kulturheroen bezeichnen kann, da ihre Taten zur Entstehung des menschlichen Lebens, der Fruchtbarkeit der Erde und der Vermittlung wichtiger Kulturtechniken (z.B. Fischfang) beitrugen. Maui war aber auch ein Schalk, der üble Streiche spielen konnte und vor dem man sich lieber in Acht nehmen sollte.

Weitere wichtige Vorstellungen der Manahune, die auch für die Maori eine wichtige Rolle spielen, sind Mana und Tapu. Mana bezeichnet das

„außerordentlich Wirksame“, das aus einer metaphysischen Macht entspringt. Diese kann auf Menschen übergehen, aber auch auf Tiere, Pflanzen und Dinge. Erfolg beim Fischfang oder der Sieg über Feinde sind Zeichen von Mana. Durch Riten und Zeremonien kann man diese Kraft auf sich lenken, aber auch durch Eigenleistung und richtiges Verhalten.

Im Lauf der Zeit wurde der Glaube der Manahune durch die Einwanderung der Ariki, einem Adelsgeschlecht Polynesiens, verändert und weiterentwickelt. Die Ariki sahen sich als von Natur aus mit viel Mana ausgestattet, da sie sich als direkte Abkömmlinge der Schöpfergottheiten ansahen. Sie nutzen Mana zur Machtsicherung. Daher fanden viele Verbote ihren Einzug in das gesellschaftliche Leben. Eine solche Meidungsvorschrift ist Tapu, dem das eingedeutschte Wort Tabu entlehnt ist. Menschen oder Dinge, die durch göttliche Kraft ausgezeichnet waren, durften nicht berührt oder betrachtet werden. Dies bezieht sich auch auf adlige Ariki, in deren Schatten es verboten war, zu stehen.

Die Ariki trugen maßgeblich dazu bei, dass sich die Götterwelt der Manahune vergrößert und zunehmen polytheistisch wird. Einzelne Adelsgeschlechter besitzen eigene Gottheiten. Neben dieser großen Vielzahl an Göttern, gibt es drei Hauptgötter, die allesamt männlich sind. Sie heißen Tane (Bringer des Sonnenlichts; spendete das Leben auf der Erde), Tu (Kriegsgott) und Rongo (Gott des Friedens und der Landwirtschaft).

Den mündlichen Überlieferungen der Maori zu Folge sorgte Tane, der auch als Gott der Bäume und Wälder

gilt, dafür, dass die Bäume wuchsen. Durch die Kraft ihres Wachstums lösten sie den Himmel von der Erde und erschufen somit die Lebensgrundlage für die Menschen.
In jüngerer Zeit entwickelten die Maori ihre Glaubensvorstellungen weiter zu einem Glauben an einen höchsten Schöpfergott mit Namen Io. Die Maori-Priester schilderten ausführlich die großen Taten dieser Gottheit, bis mit dem Eintreffen der Europäer und dem Beginn der Missionierung der Einheimischen zum Christentum dieser Glaube wieder verschwand.

Tiki

Tiki ist eine sagenhafte Gestalt, die halb menschlicher und halb göttlicher Herkunft ist. In ganz Polynesien ranken sich viel Mythen um ihn. Einer Überlieferung zu Folge schlüpfte Tiki dem Ei des Urvogels, der über das Urmeer flog. Aus Tiki entstand das erste Kanu, in dem die ersten Menschen beiderlei Geschlechts saßen.
In Polynesien gilt Tiki als Symbol für die ersten Menschen.

Als Tiki-Figur (oder kurz Tiki) werden aus Holz oder Nephrit geschnitzte Figuren bezeichnet, die im Ahnenkult Polynesiens verbreitet sind. Es sind menschenähnliche Figuren mit leicht überdimensionierten Köpfen und verzerrten Gesichtern. Die Köpfe sind oft leicht zur Seite geneigt, als würden sie neugierig und interessiert zuhören. Die Körper sind meist mit Ornamenten verziert, welche die rituellen Tätowierungen polynesischer Priester nachahmen sollen.

Die Maori in Neuseeland hängen sich kleine Tiki-Figuren als Amulett um den Hals. Diese sogenannten Hei-Tiki sind häufig aus Pounamu (Nephrit, auch Neuseeland-Jade genannt) geschnitzt und werden an einer Flachsschnur befestigt. Gemäß dem Glaubensvorstellungen der Maori sollen sie den Gebeten, Gesängen und Wunschbitten des Trägers lauschen (was ihre zur Seite geneigten Köpfe erklärt) und ihn vor Missgeschicken und Verwünschungen bewahren.

Rastafarianismus

Die Rastafari-Bewegung ist eine Folge der „Zurück-nach-Afrika"-Bewegung, die in den 1930er-Jahren in Jamaika ihren Anfang genommen hat. Eine wesentliche Rolle bei der Gründung spielte dabei Marcus M. Garvey, der die Gestaltung dieser Religion erheblich mitgestaltet hat. Die Rastafari-Religion beruft sich auf die christliche Bibel und verehrt Haile Selassie (amharisch für „Macht der Dreifaltigkeit") als unsterblichen Gott („Jah"). Zudem stellen die Rastafaris sozialpolitische Forderungen (keine Unterdrückung, keine Lohnarbeit usw.) und bekennen sich zu einer natürlichen Lebensweise. Die Rastafaris sehen sich als Nachkommen der Alt-Israeliten und Kinder des Negus, das heißt der äthiopischen Könige. Die Linie der Ahnen lässt sich angeblich bis zu Königin Saba von Äthiopien zurückführen, die mit König Salomo Kinder gezeugt hat. Der Begriff Rastafari wird gebildet aus dem äthiopischen Herrschertitel „Ras" und dem Namen „Tafari", dem Geburtsnamen des äthiopischen Königs Haile Selassie.
Für den Glauben der Rastafari ist es kennzeichnend, dass Gott („Jah"; vom jüdischen Wort Jahwe) in jedem Menschen gegenwärtig ist, aber sich nur in Haile Selassie manifestiert hat. Dieser ist identisch mit Jesus Christus.
Hautfarbe, „Rasse" und Nationalität sind für die Rastafaris unerheblich. Die Perspektive, die sie im Blick auf die Welt einnehmen, ist aber „mit den Augen eines Schwarzen".
Die Bibel gilt als Buch der Bücher. Nach Auffassung der Rastafaris wurde diese ursprünglich von Afrikanern

auf Amharisch verfasst, also in der Sprache, die seit dem 14. Jahrhundert die Amtssprache Äthiopiens ist. Die „weiße“ Version der Bibel dürfe nicht wörtlich genommen werden, da diese fehlerhaft übersetzt wurde. Die Rastafaris bauen keine Gotteshäuser, da sie ihren Körper als Tempel betrachten.

Auffällig sind die verfilzten Haare (Dreadlocks), die an den Löwen Judas (Offenbarung des Johannes 5,5) erinnern sollen.

Streng gläubige Rastafaris halten sich an eine natürliche Esskultur (I-tal-food) und verwenden nur natürliches Essgeschirr (z.B. aus Holz, Kokosnuss usw.). Die Glaubensvorstellungen, Gewohnheiten und Gebote unterscheiden sich aber in den verschiedenen Glaubensgruppierungen erheblich. Diese wären unter anderem die Nyahbinghi, die Bobo Ashanti und die Twelve Tribes of Israel.

Die Religion der Rastafaris ist eng mit der Musikrichtung Reggae verbunden, die religiöse Themen aufgreift (Aber auch dieser Zusammenhang besteht nicht bei allen Glaubensgruppierungen).

Zudem gilt (oftmals) das Rauchen der als heilig geltenden Pflanze Cannabis sativa als wichtig, um ein „höheres Level“ zu erreichen.

Dreadlocks

Dreadlocks, kurz Dreads (von englisch dread, „Furcht"), auch Filzlocken, sind Strähnen verfilzter Kopfhaare. Diese können sich unter Umständen selbst entwickeln, wenn das Haar für eine längere Zeitperiode nicht gekämmt, geschnitten oder rasiert wird; die Verfilzung wird jedoch meist durch Hilfsmittel künstlich herbeigeführt.

Für die Rastafaris gilt Haile Selassie als Wiedergeburt Jesu Christi.

Zu Beginn des 20. Jahrhunderts führte Äthiopien (dessen König Haile Selassie war) Krieg mit Italien.

Nach dem Ende des italienisch-äthiopischen Krieges im Jahr 1936 war Haile Selassie außer Landes geflohen. Daraufhin gelobten die Rastafaris, ihr Haar nicht mehr zu schneiden und es natürlich wachsen zu lassen, bis Haile Selassie wieder auf dem Thron säße. Sie richteten sich dabei nach einer Bibelstelle aus dem vierten Buch Mose (Num 6,5), das vorschreibt, während eines Gelübdes das Haar frei wachsen zu lassen. Haile Selassie kehrte im Jahre 1941 auf seinen Thron zurück. Die Dreadlocks hatten zu dem Zeitpunkt allerdings längst eine eigenständige Bedeutung.

Ein zusätzlicher Mythos besagt, dass die Rastafari Dreadlocks tragen, da sie glauben, die Haare würden ihnen Stärke und Macht verleihen. Hier spielt die biblische Geschichte des israelitischen Führers Samson eine herausragende Rolle, die im Buch der Richter beschrieben ist. Samson trug sieben Locken als Zeichen göttlicher Stärke. Er verlor seine Kräfte, als seine

Geliebte Delila, die eine Spionin der feindlichen Philister war, ihm diese Locken abschnitt.

Die Umbanda-Religion

Der Ursprung der Umbanda-Religion liegt im westafrikanischen Bantu-Volk. Angehörige dieser Gruppe wurden als Sklaven nach Südamerika verfrachtet und haben sich im Südosten Brasiliens angesiedelt. Dort finden sich heute die meisten Anhänger. Aber auch in Argentinien und Uruguay gibt es Gläubige. Die Religionsbezeichnung umbanda („Oberster Priester") wird vom Bantu-Wort kimban-da hergeleitet, welches gleichbedeutend ist. Die Umbanda-Religion ist eine reine Kultreligion. Kultische Handlungen und Riten prägen das gesamte Leben der Gläubigen. Der Mittelpunkt liegt im Kultzentrum, dem sogenannten terreiro. In der Umbanda-Religion gibt es keine einheitliche Lehre. Jedes Kultzentrum und jeder Oberpriester (Pai-de-santo = „Vater des Heiligen") handelt selbstständig und folglich unterscheiden sich die Kulthandlungen und Riten von Gemeinschaft zu Gemeinschaft.

Zur Kultpraxis zählen Besessenheitsrituale, in denen Gottheiten ihre Botschaften zur Heilung der Gläubigen mittels Medien (Menschen, die als Verbindung zwischen den Welten handeln) vermittelt werden. Auch Opferzeremonien werden durchgeführt.

Anhänger dieser Religion glauben an Reinkarnation und an die Möglichkeit, dass Lebende und Tote miteinander kommunizieren können.

Außerdem finden sich christliche Elemente in der Umbanda-Religion, wie z.B. der christliche Kalender. Auch indigene Vorstellungen und europäische Esoterik wird eingebunden.

Obwohl die Umbanda-Religion erst in den 1920er-Jahren aufgekommen ist, hat sich zahlreiche Anhänger, auch unter Weißen.

Die Doppelaxt Xangos

In der Umbanda-Religion werden verschiedene Riten durchgeführt, um Menschen zu heilen. Dies nennt man trabalbo de cura, die Arbeit des Heilens.
Dabei werden auch Gegenstände verwendet, die bestimmten Göttern als heilig gelten und nur von ausgewählten (initiierten) Personen verwendet werden dürfen. Beispielhaft sei hier die Anwendung der Doppelaxt Xangos erwähnt, die zur Segnung verwendet werden kann.

Xango ist ein männlicher Orixa, dessen Element das Feuer ist. Auch ist er der Donnergott. Die Doppelaxt ist sein Werkzeug. Sie gilt aber nicht nur als Zeichen der Macht, sondern weist ebenfalls auf seine Aufgabe hin, für Gerechtigkeit zu sorgen.

Die Doppelaxt, die in beide Richtungen schneidet, deutet auf die Notwendigkeit hin, zwei Seiten zu betrachten. Die Gleichheit auf beiden Seiten versinnbildlicht die unparteiische Behandlung, über die Xango entscheiden muss. Er wägt beide Seiten sorgfältig ab, wie König Salomon und steht für die Auflösung verfahrener Situationen.
Xango ist der Gott der Wahrheit und verkörpert Sicherheit und Frieden, seine Stärken sind Magie und Geheimwissen.

Seine christliche Entsprechung ist Johannes der Täufer und der Hl. Hieronymus.

Voodoo

Die afrokaribische Voodoo-Religion hat sich als Folge der Versklavung und Verschleppung von Afrikanerinnen und Afrikanern nach Amerika im 18. Jahrhundert entwickelt (und unterscheidet sich vom afrikanischen Voodoo). Es verschmelzen traditionell afrikanische Glaubensvorstellungen mit christlichen Elementen sowie indigenen Einflüssen.
Das Wort „Voodoo“ leitet sich aus einem Wort der westafrikanischen Fon für Geist ab.
Voodoo-Anhänger glauben an drei Weltgegenden, in denen jeweils verschiedene Götter herrschen, nämlich den Himmel, die Erde und dazwischen die Völker. Der Schöpfergott Olorun wird nicht unmittelbar verehrt, da dieser „zu weit oben“ im Himmel steht. Neben verschiedenen Göttern werden noch Seelen verehrt, die nach ihrem Tod zu Totengeistern (Zombies) werden sowie Geister, die niemals direkt an die Materie gebunden waren. Voodoo-Götter leben im Meer, in Wasserfällen, Quellen, Wäldern, auf Kreuzungen, Friedhöfen usw.
Viele Voodoo-Götter besitzen eine Entsprechung unter den katholischen Heiligen. An deren Festtagen werden sie mitgefeiert.
Im Voodoo-Glauben gibt es keine heilige Schrift. Es handelt sich um eine Kultreligion, die durch ihre rituelle Praxis lebt. Dazu zählen die Darbringung von Tieropfern und das Aufführen von Trance-Tänzen (Besessenheitsrituale). Mit Hilfe dieser Handlungen soll die Verbindungen zwischen den Menschen und Göttern hergestellt werden.

Außerdem werden Totenbeschwörungen oder Schadenszauber („Voodoo-Puppe“) durchgeführt. Allerdings führen nicht alle Voodoo-Priester solche Schadenszauber aus, da sie für unmoralisch halten. Voodoo-Puppen können auch zu Heilzwecken eingesetzt werden.
Als Orte, an denen diese Rituale ausgeübt werden, finden Kulthütten und Tempel Verwendung.
Häufig spielen Frauen bei diesen Handlungen eine große Rolle, für die sie eine mehrjährige Ausbildung durchlaufen und in Ausnahmefällen als Priesterin wirken dürfen.

Voodoofetische

Fetischismus bezeichnet im religiösen Sinn den Glauben an übernatürliche persönliche Geister oder unpersönliche Mächte, die in bestimmten Gegenständen wohnen, und deren Verehrung als heilige Objekte.
Die Kraft, die ein solcher Fetisch ausübt, kann durch Opfergaben verstärkt werden.
Grundsätzlich kann jeder Gegenstand zum Fetisch werden.
Über den Fetisch wird in einem Ritual die Verbindung zum Überirdischen hergestellt und ein Ahn oder eine zuständige Gottheit angerufen und um Anwesenheit gebeten. Anschließend wird ein Opfer dargebracht, beispielsweise ein Hahn, ein Huhn oder ein Ziegenbock.
Darauf folgt der rituelle Tanz der Vodunsi (der „Eingeweihten"). Dieser kann sich bis zur Besessenheit (Trance) steigern. Der Gott „reitet" den Tänzer oder die Tänzerin, heißt es dann. In diesem Fall teilt die Gottheit oder der Ahn dem Medium seinen Willen mit. Dieser wird dann an den Priester bzw. die Priesterin weitergegeben.
Die Trance steht für die Vereinigung mit einer Gottheit und ist für die Vodunsi ein außerordentlich beglückender Zustand.

Steckbriefe

Steckbrief

Name der Religion:

___

So nennt man die Gläubigen:

___

Hier ist Platz für ein Bild oder eine Zeichnung, welches zu dieser Religion passt.

Welcher Gott bzw. welche Götter sind den Gläubigen heilig?

___

___

___

___

___

Welche Symbole (Gegenstände, Gebäude usw.) sind den Gläubigen besonders wichtig?

Wann ist die Religion entstanden?

Wo wird die Religion ausgelebt?

Welche weiteren Besonderheiten gibt es?

Steckbrief

Name der Religion: *Aboriginal Religion*

So nennt man die Gläubigen: *Aborigines*

Hier ist Platz für ein Bild oder eine Zeichnung, welches zu dieser Religion passt.

Welcher Gott bzw. welche Götter sind den Gläubigen heilig?
Die Aborigines verehren keine Götter, eher Totemvorfahren, die in der „Traumzeit“ erwachten, um die Welt so zu gestalteten, wie sie heute ist. Jeder wurde mit einer Pflanze, einem Tier, einem Ort oder Ähnlichem verbunden.

Welche Symbole (Gegenstände, Gebäude usw.) sind den Gläubigen besonders wichtig?

- *Das sogenannte „Aboriginal Law“ stammt aus der Traumzeit und ist heilig und unabänderlich und für alle Menschen verbindlich.*
- *Es gibt Orte an denen die Traumzeitwesen selbst in das Land eingingen*

- *Schauplätze, an denen diese wanderten und wirkten sowie religiöse Zeremonien ausübten, sind heilig*
  - *Die Geschichte und Schöpfung der Welt spiegeln sich hier wider*
  - *Der Weg der Totemvorfahren verbindet die verschiedenen Aborigines-Stämme miteinander*
- *In fruchtbaren und guten Zeiten werden große Ritualfeste mit Aborigines aus ganz Australien gefeiert.*

Wann ist die Religion entstanden?
Die Ureinwohner besiedeln den Kontinenten seit fünfzigtausend Jahren, seitdem wird dort der Glaube ausgeübt.

Wo wird die Religion ausgelebt?
Vor allem in Australien.

Welche weiteren Besonderheiten gibt es?
Die enge Verbindung der Aborigines zur Natur, allgemein die Verbindung zu Mensch und Land wird im Glaube der Aborigines sehr deutlich. Aborigines können, wenn sie ihr Land verlieren, keinen Neuanfang machen, da ihnen der passende Schöpfungsmythos fehlt.

Steckbrief

Name der Religion: *Traditionelle Religionen in Afrika*

So nennt man die Gläubigen: **meist keine gesonderten Namen; häufig wird der Name der jeweiligen Volksgruppe verwendet**

Hier ist Platz für ein Bild oder eine Zeichnung, welches zu dieser Religion passt.

Welcher Gott bzw. welche Götter sind den Gläubigen heilig?
In den verschiedenen Gruppen gibt es verschiedene Glaubensformen und Götter.

- *Es gibt einen Schöpfergott mit weiblicher Begleitung:*
    - *Dogon in Mali: Amma (mit Mutter Erde)*
    - *Bamilike in Kamerun: Nsi (mit Ndem)*
    - *Fon und Ewe in Benin: Mawu (mit Lissa)*
- *Die Götter mit denen sich die Menschen verständigen sind Nachkommen des Schöpfergottes, diese haben bestimmte Aufgaben wie Fruchtbarkeit, Gerechtigkeit, Krankheiten etc.*
- *Bei anderen Gruppen:*
    - *Heilige Ahnen anstatt Götter*

- *Diese gelten als unsterblich*
- *Sind mit den Menschen verwandt*
- *Ansprechpartner in Sachen Schutz und Hilfe*

Welche Symbole (Gegenstände, Gebäude usw.) sind den Gläubigen besonders wichtig?

- *Afrikanische Masken:*
  - *Masken ermöglichen als Medien die Kommunikation zwischen den Lebenden und den Toten*
  - *Aus Holz geschnitzt stellen sie menschliche Gesichter, Tierköpfe, Dämonen oder abstrakte Symbole dar.*
  - *Sinnbilder für gute und böse Geister*
  - *Tragen der Masken nur den Mitgliedern des Maskenbundes vorbehalten, sie werden vom Medizinmann oder Priester auf das Tragen vorbereitet*
  - *Die Tänzer tragen ein Kostüm bei der Zeremonie und dürfen nicht erkennbar sein, da sie als Medium wirken*
  - *Allein das Berühren einer getanzten Maske, die vom Priester geweiht ist, als Uneingeweihter ist gefährlich*

Wann ist die Religion entstanden?
Hier sind keine genauen zeitlichen Angaben möglich.

Wo wird die Religion ausgelebt?
Die traditionellen afrikanischen Religionen werden in Afrika vor allem südlich der Sahara und in eher ländlichen Gebieten ausgelebt.

Welche weiteren Besonderheiten gibt es?
Durch den starken Einfluss des Christentums und dem Islam verwässern die traditionellen Religionen immer mehr, nur noch etwa 10% Prozent der Bevölkerung leben diese aus.
Es gibt keine schriftlichen Aufzeichnungen, nur mündliche Überlieferungen, daher gibt es so viele verschiedene Gruppen.

Steckbrief

Name der Religion: *Buddhismus*

So nennt man die Gläubigen: *Buddhisten*

Hier ist Platz für ein Bild oder eine Zeichnung, welches zu dieser Religion passt.

Welcher Gott bzw. welche Götter sind den Gläubigen heilig?
Im Buddhismus gibt es keinen Schöpfergott. Stellenweise werden verschiedene Götter verehrt.

Welche Symbole (Gegenstände, Gebäude usw.) sind den Gläubigen besonders wichtig?

- *Edle Achtfache Pfad:*
    - *Ethische Motivation (Treffliche Rede, Treffliches Handeln, Trefflicher Lebenserwerb)*
    - *Geistige Ruhe (Treffliche Bemühung, Treffliche Achtsamkeit, Treffliche Konzentration)*
    - *Intuitives Wissen (Treffliche Sicht, Trefflicher Entschluss.*
- *Vier edlen Wahrheiten:*

    - *Leiden des Menschen*
    - *Ursache des Leidens*
    - *Das Ende des Leidens*
    - *Innere Weg*
- *Buddhisten feiern allmonatlich die vier Mondwendetage Uposatha.*
- *Buddhisten glauben an die Auswirkung von Karma auf die Wiedergeburt.*
- *Puja:*
    - *Andacht zu Ehren des Buddhas*
    - *Rauch, Blumen, Speisen werden geopfert*
    - *Positive Auswirkung auf das Karma*
- *Das Nirvana: Zustand vollkommender Befreiung*
- *Opfergaben:*
    - *Sieben Opferschalen mit buddhistischen Glückssymbolen verziert*
    - *Positive Auswirkung auf das Karma*

Wann ist die Religion entstanden?
Die Religion hat ihre Ursprünge im 6. Jahrhundert vor Christus.

Wo wird die Religion ausgelebt?
Verbreitung des Buddhismus hauptsächlich in Asien aber auch in Amerika und Europa gibt es Anhänger des Zen-Buddhismus.

Welche weiteren Besonderheiten gibt es?
Es gibt keinen Schöpfergott und die Menschen glauben an Wiedergeburt.

Steckbrief

Name der Religion: Candomblé

So nennt man die Gläubigen: *keine Eigenbezeichnung vorhanden*

Hier ist Platz für ein Bild oder eine Zeichnung, welches zu dieser Religion passt.

Welcher Gott bzw. welche Götter sind den Gläubigen heilig?

- *In der Religion des Candomblé sind die Orixas die heiligen Götter, sie haben sehr menschenähnliche Eigenschaften.*
- *Der oberste Gott heißt Olorun.*

Welche Symbole (Gegenstände, Gebäude usw.) sind den Gläubigen besonders wichtig?

- *Die Musik ist ein prägender Teil in der Beziehung der Menschen und den Candomblé Göttern.*
    - *Die Orixas werden bei jeder Zeremonie in einer bestimmten Reihenfolge angerufen.*

    - *Durch die Musik und Tanz Zeremonie gelangen die Tänzer durch Trommelschläge in eine Trance in der sie sich mit den Orixas verbinden.*
- *Ausgeführt werden diese Zeremonien in Tempeln, Casas (Häuser), rocas oder Terreiros.*

Wann ist die Religion entstanden?
Während der Zeit der Versklavung und Verschleppung wurden die traditionellen afrikanischen Wurzeln dieser Religion von Nigeria nach Südamerika transportiert und haben sich dort unter Einfluss des Christentums zu Candomblé weiterentwickelt.

Wo wird die Religion ausgelebt?
Die Religion wird vor allem in Brasilien ausgeübt.
Welche weiteren Besonderheiten gibt es?
In der afrobrasilianischen Religion werden christliche Elemente integriert.

- *Katholische Heilige und Orixas werden gleichgesetzt*
- *Christlicher Kalender*

Die Wurzeln dieser Glaubensüberzeugung liegen bei dem Yoruba-Volk und bei dem Bantu-Volk in Nigeria.

Steckbrief

Name der Religion: *Christentum*

So nennt man die Gläubigen: *Christen*

Hier ist Platz für ein Bild oder eine Zeichnung, welches zu dieser Religion passt.

Welcher Gott bzw. welche Götter sind den Gläubigen heilig?
Im Christentum gibt es einen einzigen Gott, den Schöpfer.

Welche Symbole (Gegenstände, Gebäude usw.) sind den Gläubigen besonders wichtig?
Die Bibel (heilige Schrift), ist als „das Wort Gottes“ ein wesentlicher Bestandteil des Christentums.
Das Kreuz stellt im Christentum auch einen essentiellen Bestandteil dar, es steht für die Auferstehung und Gottes Allmächtigkeit.

Wann ist die Religion entstanden?
Das Christentum entstand aus dem Judentum heraus.

Wo wird die Religion ausgelebt?

Das Christentum wird auf der ganzen Welt ausgelebt.

Welche weiteren Besonderheiten gibt es?
Das Christentum ist eine monotheistische Religion.
Die Dreifaltigkeitslehre (Gott, Jesus Christus und der Heilige Geist bilden eine Einheit).
Ewiges Leben nach dem Tod im „Himmel“

Steckbrief

Name der Religion: *Hinduismus*

So nennt man die Gläubigen: Hinduisten

Hier ist Platz für ein Bild oder eine Zeichnung, welches zu dieser Religion passt.

Welcher Gott bzw. welche Götter sind den Gläubigen heilig?
Es gibt unterschiedliche Strömungen; monotheistische, dualistische, polytheistische. Hohes Ansehen, haben die Gottheiten Vishnu und Shiva.

Welche Symbole (Gegenstände, Gebäude usw.) sind den Gläubigen besonders wichtig?
Das Dharma ist besonders wichtig, da es die Grundlage für den Hinduismus in all seinen Strömungen ist. Jedes Wesen soll sich entsprechend verhalten und seinen Platz in der Welt einnehmen. Die endgültige Erlösung erhält man, wenn die Seele (atman) in die höchste Realität aufsteigt (brahman).
Yoga und Meditation dienen um den Weg des Wissens zu finden.

Wann ist die Religion entstanden?
Vor zweieinhalb Jahrtausenden.

Wo wird die Religion ausgelebt?
Vor allem in Indien.

Welche weiteren Besonderheiten gibt es?
Es gibt allgemein im Hinduismus keinen Schöpfungs- oder Vergehungs-Gedanken.
Es werden Opfer gegeben, vegetarisch, tierisch oder sächlich.

Steckbrief

Name der Religion: *Islam*

So nennt man die Gläubigen**: *Muslime***

Hier ist Platz für ein Bild oder eine Zeichnung, welches zu dieser Religion passt.

Welcher Gott bzw. welche Götter sind den Gläubigen heilig?
Im Islam gibt es einen Gott, Allah.

Welche Symbole (Gegenstände, Gebäude usw.) sind den Gläubigen besonders wichtig?
Sowohl der Koran, als die heilige Schrift, als auch die Sunna als die Lebensäußerungen des Propheten Mohammeds, haben im Islam eine große Bedeutung.
„Die Fünf Säulen des Islams“:
Glaubensbekenntnis (umma)
Fünfmalige tägliche Gebet (salat)
Fasten im Monat Ramadan (saum)
Abführen der Almosensteuer (zakat)
Pilgerfahrt nach Mekka und Medina (hadsch)

Wann ist die Religion entstanden?

Im frühen 7. Jahrhundert nach Christus.

Wo wird die Religion ausgelebt?
Auf der ganzen Welt.

Welche weiteren Besonderheiten gibt es?
Es gelten Speisevorschriften:
Verboten (haram): Aas, Schwein, Aal, usw.
Erlaubt (halal)
Gemeinsames Beten in der Moschee unter der Leitung eines „Imams“
Abbildungen von Gott oder dem Propheten Mohammed sind verboten.
Es gibt verschiedene Glaubensströmmungen: Sunniten, Schiiten, Sufisten.
Islam ist nicht gleich Islamismus.

Steckbrief

Name der Religion: *Judentum*

So nennt man die Gläubigen: *Juden*

Hier ist Platz für ein Bild oder eine Zeichnung, welches zu dieser Religion passt.

Welcher Gott bzw. welche Götter sind den Gläubigen heilig?
Es gibt einen Gott, da das Aussprechen des Namens „Jahwe" nur dem Hohenpriester im Tempelkult vorbehalten war, gibt es viele hebräische Gottesbezeichnungen.
Adonai („Herr"), Elohim („Gott"), Eljon („Höchster").

Welche Symbole (Gegenstände, Gebäude usw.) sind den Gläubigen besonders wichtig?
Wichtigste Grundlage ist die Tora, bestehend aus den fünf Büchern Moses gilt sie als Gesetz und Weisung.
Die Zusammensetzung aus mündlicher Tora, Lehren der Newim (Propheten) und der Ketuwim (Hagiografen), bezeichnet man als Tanach.
Halacha: Zusammenfassung der Ge- und Verbote aus der Tanach.

Wann ist die Religion entstanden?
Das Judentum ist die älteste Religion, aus diesem kommen der Islam und der Christentum hervor.

Wo wird die Religion ausgelebt?
Die Religion wird weltweit ausgelebt.

Welche weiteren Besonderheiten gibt es?
Der Sabbat, der Tag der Ruhe erinnert an die Schöpfung der Welt.
Religiöse Feste im Jahresverlauf erinnern häufig an die Geschichten des Volkes Israel.

Steckbrief

Name der Religion: *Maori-Religion*

So nennt man die Gläubigen: *Maori*

Hier ist Platz für ein Bild oder eine Zeichnung, welches zu dieser Religion passt.

Welcher Gott bzw. welche Götter sind den Gläubigen heilig?

- *Zur Götterwelt der Maori gehören, Dämonen, Geisterwesen und Götter.*
- *Zwei gottähnliche Gestalten, Maui und Tiki zählen als Kultheroen, sie sorgen für Entstehung menschliches Lebens, Fruchtbarkeit der Erde und Vermittlung wichtiger Kulturtechniken beispielsweise das Fischfangen.*
- *Es gibt drei Hauptgötter:*
  - *Tane (Bringer des Sonnenlichts; spendet das Leben auf der Erde)*
  - *Tu (Kriegsgott)*
  - *Rongo (Gott des Friedens und der Landwirtschaft)*

Welche Symbole (Gegenstände, Gebäude usw.) sind den Gläubigen besonders wichtig?

- *Mana: „außerordentlich Wirksame", durch Riten und Zeremonien kann man diese Kraft auf sich lenken, sowie durch Eigenleistung und gutes Verhalten.*
- *Tapu: Dinge die durch göttliche Kraft ausgezeichnet waren durften nicht berührt oder betrachtet werden.*

Wann ist die Religion entstanden?
Die Religion ist ca. 1350 n. Chr. entstanden und beruht aus religiösen Vorstellungen, die es zu dieser Zeit schon in Polynesien gab.

Wo wird die Religion ausgelebt?
Von den Maori, den Ureinwohnern Neuseelands

Welche weiteren Besonderheiten gibt es?
Der Glaube der Maori ähnelt in vieler Hinsicht der Glaubensvorstellung der ersten Bewohner von Polynesien, den Manahunen.
In vielen Dingen prägen die Manahune den Glauben der Maori entscheidend.

Steckbrief

Name der Religion: *Rastafarianismus*

So nennt man die Gläubigen: *Rastafari*

Hier ist Platz für ein Bild oder eine Zeichnung, welches zu dieser Religion passt.

Welcher Gott bzw. welche Götter sind den Gläubigen heilig?
Sie verehren Haile Selassie als unsterblichen Gott („Jah"), jener ist identisch mit Jesus. Der Gott Jah ist in jedem Menschen präsent.

Welche Symbole (Gegenstände, Gebäude usw.) sind den Gläubigen besonders wichtig?
Bibel gilt als Buch der Bücher.
Verfilzte Haare (Dreadlocks) sollen an den Löwen Judas erinnern.
Wichtig ist den Rastafaris auch die Musikrichtung Reggae, da diese religiöse Themen aufrgreift.
Das rauchen der heiligen Pflanze Cannabis sativa gilt als wichtig um ein „höheres Level" zu erreichen.

Wann ist die Religion entstanden?
Die Rastafari Religion entstand aus der „Zurück-nach- Afrika"- Bewegung, welche in den 1930er- Jahren in Jamaika begann.

Wo wird die Religion ausgelebt?
Die Religion wird hauptsächlich auf Jamaika ausgeübt.

Welche weiteren Besonderheiten gibt es?
In der Religion der Rastafari gibt es keine Gotteshäuser, da sie ihren eigenen Körper als Tempel ansehen.
In den Augen der Afrikaner wurde die Bibel ursprünglich auf Amharisch verfasst. Die „weiße" Version ist falsch übersetzt.
Unter Strenggläubigen herrscht eine natürliche Esskultur sowie die ausschließliche Verwendung von natürlichen Essensgeschirr (z.B. aus Holz, Kokosnuss, usw.).

Steckbrief

Name der Religion: *Umbanda-Religion*

So nennt man die Gläubigen: **es gibt keine besondere Bezeichnung für die Anhänger dieser Religion"*

Hier ist Platz für ein Bild oder eine Zeichnung, welches zu dieser Religion passt.

Welcher Gott bzw. welche Götter sind den Gläubigen heilig?
Die Umbanda Religion ist eine reine Kultreligion, es gibt verschiedene Gottheiten. Diese ändern sich aber von Gemeinschaft zu Gemeinschaft.

Welche Symbole (Gegenstände, Gebäude usw.) sind den Gläubigen besonders wichtig?
Besessenheitsrituale, in denen Medien Botschaften der Gottheit übermitteln.
Opferzeremonien sind ein Teil der Religion.
Der Glaube an Kommunikation zwischen den Toten und den Lebenden.

Wann ist die Religion entstanden?
Die Umbanda Religion kam das erste Mal in den 1920er Jahren auf.

Wo wird die Religion ausgelebt?
Die meisten Anhänger befinden sich im Südosten Brasiliens. Man findet aber auch Anhänger in Argentinien sowie in Uruguay.

Welche weiteren Besonderheiten gibt es?
Es gibt keine einheitliche Lehre, Riten und Gebräuche sind von Gemeinschaft zu Gemeinschaft unterschiedlich.
Eine weitere Besonderheit ist, dass sich Elemente verschiedener anderer Religionen wiederfinden, wie der christliche Kalender oder indigene Vorstellungen und europäische Esoterik.

Steckbrief

Name der Religion: *Voodoo*

So nennt man die Gläubigen: **es gibt keine besondere Bezeichnung für die Anhänger dieser Religion**

Hier ist Platz für ein Bild oder eine Zeichnung, welches zu dieser Religion passt.

Welcher Gott bzw. welche Götter sind den Gläubigen heilig?
Olorun gilt als Schöpfergott, wird aber nicht unmittelbar verehrt. Stattdessen werden Geister angebetet, die in das Leben der Menschen eingreifen können bzw. sollen.

Welche Symbole (Gegenstände, Gebäude usw.) sind den Gläubigen besonders wichtig?
Fetische sind besonders wichtig. In einem Ritual wird durch den Fetisch eine Verbindung zum überirdischen hergestellt. Es wird um die Anwesenheit der Gottheit gebetet und dieser anschließend eine Opfergabe dargebracht, beispielsweise ein Hahn, Huhn oder ein Ziegenbock.

Der darauffolgende rituelle Tanz, hat das Ziel sich während einer Trance (Besessenheit) von der Gottheit „reiten“ zu lassen um durch diese Verbindung seinen Willen weiterzugeben. Diese Trance steht für die Vereinigung zwischen Gottheit und Vodunsi welches das Ziel des Rituals ist.

Wann ist die Religion entstanden?
In der Karibik ist Voodoo im 18. Jahrhundert entstanden.
Wo wird die Religion ausgelebt?
Hauptsächlich in der Karibik.

Welche weiteren Besonderheiten gibt es?
Eine Besonderheit ist, dass jeder Gegenstand zum Fetisch werden.

Ein besonderer religiöser Gegenstand

Nun hast du bereits Gedanken und Ideen gesammelt, um was es sich bei diesem religiösen Gegenstand handelt und wie dieser im gelebten Glauben genutzt wird.

Anhand des Informationstextes kannst du nun die folgenden Fragen beantworten:

In welchem Zusammenhang steht der religiöse Gegenstand im religiösen Alltag? Welche Bedeutung hat er in der religiösen Praxis?

Kennst du etwas Vergleichbares? Hast du Gegenstände kennengelernt, die eine ähnliche Aufgabe haben? Hast du religiöse Handlungen erlebt, die auf Ähnliches verweisen?

Präsentiert die Ergebnisse und diskutiert sie im Klassenverband!

Ein besonderer religiöser Gegenstand - Tjurunga

Nun hast du bereits Gedanken und Ideen gesammelt, um was es sich bei diesem religiösen Gegenstand handelt und wie dieser im gelebten Glauben genutzt wird.

Anhand des Informationstextes kannst du nun die folgenden Fragen beantworten:

In welchem Zusammenhang steht der religiöse Gegenstand im religiösen Alltag? Welche Bedeutung hat er in der religiösen Praxis?

Tjurunga sind Schwirrgeräte auf denen sich das Totem jeder einzelnen Gruppe befindet. Die Ahnen der Aborigines sollen selbst Tjurunga benutzt haben und es galt als ihr wertvollster Besitz.
Durch den Klang des Schwirrgeräts glauben einige Aborigines lässt sich die Stimme der Regenbogenschlange Yurlunggur ertönen.
Schwirrgeräte kommen auch in der Traumzeitgeschichte („Schöpfungsmythos“ der Aborigines) vor. Außerdem werden die Schwirrgeräte benutzt, um in Kontakt mit ihren Ahnen zu treten sowie um ihre Zeremonien zu initiieren.

Kennst du etwas Vergleichbares? Hast du Gegenstände kennengelernt, die eine ähnliche Aufgabe

haben? Hast du religiöse Handlungen erlebt, die auf Ähnliches verweisen?

Zum Beispiel werden in den traditionellen afrikanischen Religionen Masken benutzt, die auch dafür benutzt werden, um in den Kontakt mit ihren Gottheiten zu treten.

Präsentiert die Ergebnisse und diskutiert sie im Klassenverband!

Ein besonderer religiöser Gegenstand – Afrikanische Masken

Nun hast du bereits Gedanken und Ideen gesammelt, um was es sich bei diesem religiösen Gegenstand handelt und wie dieser im gelebten Glauben genutzt wird.

Anhand des Informationstextes kannst du nun die folgenden Fragen beantworten:

In welchem Zusammenhang steht der religiöse Gegenstand im religiösen Alltag? Welche Bedeutung hat er in der religiösen Praxis?

Afrikanische Masken sind wichtiger Bestandteil im Totenkult der traditionellen afrikanischen Religionen. Maskentänze sind Rituale in denen die Masken als Medien für die Kommunikation zwischen den Lebenden und den Toten dienen. Damit soll verhindert werden, dass sich die Seele der Toten in böse Geister verwandelt. In den religiösen Zeremonien sind die Geister in den Masken gegenwärtig. Die Maskenträger werden während des Tanzes zu Medien.
Bereits getanzte Masken besitzen magische Kräfte und sind gefährlich für normale Menschen.

Kennst du etwas Vergleichbares? Hast du Gegenstände kennengelernt, die eine ähnliche Aufgabe haben? Hast du religiöse Handlungen erlebt, die auf Ähnliches verweisen?

Fetische beim Voodoo ermöglichen es auch mit den Ahnen in Kontakt zu treten.

Präsentiert die Ergebnisse und diskutiert sie im Klassenverband!

Ein besonderer religiöser Gegenstand – Opferschalen

Nun hast du bereits Gedanken und Ideen gesammelt, um was es sich bei diesem religiösen Gegenstand handelt und wie dieser im gelebten Glauben genutzt wird.

Anhand des Informationstextes kannst du nun die folgenden Fragen beantworten:

In welchem Zusammenhang steht der religiöse Gegenstand im religiösen Alltag? Welche Bedeutung hat er in der religiösen Praxis?

Die Opferschalen spielen eine wichtige Rolle in der Puja, eine Andacht die zu ehren des Buddhas gehalten wird.
Die Opfergaben die in den Opferschalen dargeboten werden wirken sich laut des Buddhismus positiv auf das Karma aus und sind Gegenmittel gegen die materiellen Gewohnheiten der Anhaftung und Begierde.
Die sieben Opferschalen symbolisieren die Sieben Zweige zur Reinigung negativer Geistesströmungen und zur Mehrung von Verdiensten.

Kennst du etwas Vergleichbares? Hast du Gegenstände kennengelernt, die eine ähnliche Aufgabe haben? Hast du religiöse Handlungen erlebt, die auf Ähnliches verweisen?

Im Christentum zündet man ebenfalls Opferkerzen an, um Bitten (z.B. Vergebung) oder Dank zu äußern.

Präsentiert die Ergebnisse und diskutiert sie im Klassenverband!

Ein besonderer religiöser Gegenstand – Candomblé-Musik

Nun hast du bereits Gedanken und Ideen gesammelt, um was es sich bei diesem religiösen Gegenstand handelt und wie dieser im gelebten Glauben genutzt wird.

Anhand des Informationstextes kannst du nun die folgenden Fragen beantworten:

In welchem Zusammenhang steht der religiöse Gegenstand im religiösen Alltag? Welche Bedeutung hat er in der religiösen Praxis?

Die Candomblé-Musik wird für Rituale gebraucht in denen Menschen in einer Art Trance sich mit Gottheiten verbinden und mit ihnen kommunizieren.
Die Musik ist geprägt durch Trommeln, Gesang und Tanz.

Kennst du etwas Vergleichbares? Hast du Gegenstände kennengelernt, die eine ähnliche Aufgabe haben? Hast du religiöse Handlungen erlebt, die auf Ähnliches verweisen?

Musik spielt in verschiedenen Religionen eine große Rolle, zum Beispiel beim christlichen Gottesdienst. Auch hier versucht man Gott näher zu kommen.

Präsentiert die Ergebnisse und diskutiert sie im Klassenverband!

Ein besonderer religiöser Gegenstand – Weihwasser

Nun hast du bereits Gedanken und Ideen gesammelt, um was es sich bei diesem religiösen Gegenstand handelt und wie dieser im gelebten Glauben genutzt wird.

Anhand des Informationstextes kannst du nun die folgenden Fragen beantworten:

In welchem Zusammenhang steht der religiöse Gegenstand im religiösen Alltag? Welche Bedeutung hat er in der religiösen Praxis?

Weihwasser im Christentum symbolisiert Leben, Reinigung, Gefährdung und Rettung.
Mit dem gesegneten Weihwasser wird der Durchzug des Volkes Israel durch das rote Meer und die Taufe des Jesus im Fluss Jordan mit den Bedeutungen des Wassers verknüpft.
Beim Betreten der Kirche erinnert die Gläubigen das Eintunken des Fingers in Weihwasser und das anschließende Aufmalen eines Kreuzes auf die Stirn an ihre eigene Taufe.
Weihwasser wird als Segnungsgeste verwendet, um zum Beispiel Gräber oder andere religiöse Gegenstände, Gebäude oder Orte zu segnen.

Kennst du etwas Vergleichbares? Hast du Gegenstände kennengelernt, die eine ähnliche Aufgabe

haben? Hast du religiöse Handlungen erlebt, die auf Ähnliches verweisen?

Vergleichbar mit dem Weihwasser im Christentum ist die rituelle Waschung im Hinduismus am Neumondtag, Gläubige baden in heiligem Wasser, um Segen und Reinwaschung der Sünden zu erlangen.

Präsentiert die Ergebnisse und diskutiert sie im Klassenverband!

Ein besonderer religiöser Gegenstand - Om

Nun hast du bereits Gedanken und Ideen gesammelt, um was es sich bei diesem religiösen Gegenstand handelt und wie dieser im gelebten Glauben genutzt wird.

Anhand des Informationstextes kannst du nun die folgenden Fragen beantworten:

In welchem Zusammenhang steht der religiöse Gegenstand im religiösen Alltag? Welche Bedeutung hat er in der religiösen Praxis?

Der Klang des „Om" symbolisiert nach dem Glauben der Hindus, Jainas und Buddhisten den Urklang, aus dem nach hinduistischem Verständnis die ganze Welt und das ganze Universum entstanden ist.
Außerdem beschreibt die Silbe „Om" den gestalten und körperlosen Brahman, die unpersönliche Weltseele und die höchste Gottesvorstellung im Hinduismus.
Für Gläubige Hindus steht „Om" für das Leben („das was ist"), das Werden („das was sein wird") und das Vergehen („das was war").
Das Aussprechen der Silbe soll Gläubigen helfen die innere Ruhe zu finden, mit göttlicher Kraft verbinden und mit der Weltseele Brahmans eins zu werden.
Im Hinduismus gelten noch mehr Silben als heilig, Mantras.

Kennst du etwas Vergleichbares? Hast du Gegenstände kennengelernt, die eine ähnliche Aufgabe

haben? Hast du religiöse Handlungen erlebt, die auf Ähnliches verweisen?

Im Christentum hat beispielsweise das Wort „Halleluja“ eine besondere Bedeutung und dient dem Lob Gottes.

Präsentiert die Ergebnisse und diskutiert sie im Klassenverband!

Ein besonderer religiöser Gegenstand – Misbaha

Nun hast du bereits Gedanken und Ideen gesammelt, um was es sich bei diesem religiösen Gegenstand handelt und wie dieser im gelebten Glauben genutzt wird.

Anhand des Informationstextes kannst du nun die folgenden Fragen beantworten:

In welchem Zusammenhang steht der religiöse Gegenstand im religiösen Alltag? Welche Bedeutung hat er in der religiösen Praxis?

Die Gebetskette hilft dem Betenden, beim Sprechen und Zählen von Gebetsformeln. Die Misbaha wird als Glücksbringer, religiöses Symbol oder als Halsschmuck getragen.
Die Misbaha ist ein Hilfsmittel in der Ausübung des Dhikr, sie erleichtert dabei das Abzählen wenn die 99 Namen Allahs gesprochen werden oder wenn Allah am Schluss eines Gebets gepriesen wird.

Kennst du etwas Vergleichbares? Hast du Gegenstände kennengelernt, die eine ähnliche Aufgabe haben? Hast du religiöse Handlungen erlebt, die auf Ähnliches verweisen?

Vergleichbar sind die 10 Gebote Mose, die bis heute Richtlinie des jüdischen/christlichen Glaubens darstellen. Sie helfen einem Gläubigen, den „Draht“ zu Gott nicht zu verlieren.

Präsentiert die Ergebnisse und diskutiert sie im Klassenverband!

Ein besonderer religiöser Gegenstand – Die Hand Miriams

Nun hast du bereits Gedanken und Ideen gesammelt, um was es sich bei diesem religiösen Gegenstand handelt und wie dieser im gelebten Glauben genutzt wird.

Anhand des Informationstextes kannst du nun die folgenden Fragen beantworten:

In welchem Zusammenhang steht der religiöse Gegenstand im religiösen Alltag? Welche Bedeutung hat er in der religiösen Praxis?

Die Schützende Hand der Miriam ist eher eine Art Aberglaube, der aber zum Teil tief im Judentum verwurzelt ist. Das Symbol meist getragen als Halskette, Kleidungsaufdruck oder im Hausflur hängend, steht für „die Hoffnung, den bösen Blick und damit Neid, Missgunst oder auch zu große Bewunderung abzuwenden".

Kennst du etwas Vergleichbares? Hast du Gegenstände kennengelernt, die eine ähnliche Aufgabe haben? Hast du religiöse Handlungen erlebt, die auf Ähnliches verweisen?

Vergleichbar mit der Hand der Miriam ist die Taufe im Christentum, da durch das Ritual die Verbindung zu Gott „hergestellt"/verstärkt wird, um einen Menschen vor dem Böse zu beschützen.

Präsentiert die Ergebnisse und diskutiert sie im Klassenverband!

Ein besonderer religiöser Gegenstand – Tiki

Nun hast du bereits Gedanken und Ideen gesammelt, um was es sich bei diesem religiösen Gegenstand handelt und wie dieser im gelebten Glauben genutzt wird.

Anhand des Informationstextes kannst du nun die folgenden Fragen beantworten:

In welchem Zusammenhang steht der religiöse Gegenstand im religiösen Alltag? Welche Bedeutung hat er in der religiösen Praxis?

Tiki-Figuren sollen die sagenhafte Gestalt des Tiki darstellen. Tiki ist halb-göttlicher und halb-menschlicher Abstammung und gilt in Polynesien als Symbol für den ersten Menschen.
Nach den Glaubensvorstellungen der Maori sollen die Figuren aus Holz den Gebeten, Gesängen und Wunschbitten der Träger lauschen, außerdem sollen sie den Träger vor Missgeschick und Verwünschungen bewahren.

Kennst du etwas Vergleichbares? Hast du Gegenstände kennengelernt, die eine ähnliche Aufgabe haben? Hast du religiöse Handlungen erlebt, die auf Ähnliches verweisen?

Die Hand der Miriam im Judentum oder Hand der Fatima im Islam oder Hand der Maria im Christentum besitzen fast die gleichen Funktionen. Sie sollen den

Tragenden vor Unheil schützen und die Gebete erhören. Sie gelten als Verbindung zu Gott.

Präsentiert die Ergebnisse und diskutiert sie im Klassenverband!

Ein besonderer religiöser Gegenstand - Dreadlocks

Nun hast du bereits Gedanken und Ideen gesammelt, um was es sich bei diesem religiösen Gegenstand handelt und wie dieser im gelebten Glauben genutzt wird.

Anhand des Informationstextes kannst du nun die folgenden Fragen beantworten:

In welchem Zusammenhang steht der religiöse Gegenstand im religiösen Alltag? Welche Bedeutung hat er in der religiösen Praxis?

Der Ursprung der Dreadlocks ist ein Gelübde, welches die Rastafari nach dem Ende des italienisch-äthiopischen Kriegs ablegten. Sie berufen sich dabei auf eine Bibelstelle, die besagt, dass man während eines Gelübdes die Haare frei wachsen lassen soll.
Außerdem glauben die Rastafari das Dreadlocks ihnen Macht und Stärke verleihen, auch dabei beziehen sie sich auf einen biblischen Text.

Kennst du etwas Vergleichbares? Hast du Gegenstände kennengelernt, die eine ähnliche Aufgabe haben? Hast du religiöse Handlungen erlebt, die auf Ähnliches verweisen?

Man kann das Fasten im Judentum, Islam, Christentum, etc. mit dem Dreadlocks wachsen lassen vergleichen, da auch hier auf etwas verzichtet wird um einer Gottheit zu huldigen und zu danken.

Präsentiert die Ergebnisse und diskutiert sie im Klassenverband!

Ein besonderer religiöser Gegenstand – Doppelaxt Xangos

Nun hast du bereits Gedanken und Ideen gesammelt, um was es sich bei diesem religiösen Gegenstand handelt und wie dieser im gelebten Glauben genutzt wird.

Anhand des Informationstextes kannst du nun die folgenden Fragen beantworten:

In welchem Zusammenhang steht der religiöse Gegenstand im religiösen Alltag? Welche Bedeutung hat er in der religiösen Praxis?

Die „Doppelaxt Xangos“ wird in der Umbanda Religion im Zuge der „trabalbo de cura“, (Arbeit des Heilens) verwendet, ihr Zweck ist die Segnung. Gegenstände wie die Doppelaxt Xangos sind Heiligtümer der Götter. Xango ist ein Wächter der Gerechtigkeit, die Doppelaxt versinnbildlicht die gleiche und unparteiische Behandlung.

Kennst du etwas Vergleichbares? Hast du Gegenstände kennengelernt, die eine ähnliche Aufgabe haben? Hast du religiöse Handlungen erlebt, die auf Ähnliches verweisen?

Im Christentum wird Weihwasser verwendet, um Menschen zu segnen (Taufe etc.).

Das „Brot brechen“ im Christentum veranschaulicht ebenfalls die gleiche und gerechte Behandlung aller Menschen.

Präsentiert die Ergebnisse und diskutiert sie im Klassenverband!

Ein besonderer religiöser Gegenstand – Voodoo-Fetisch

Nun hast du bereits Gedanken und Ideen gesammelt, um was es sich bei diesem religiösen Gegenstand handelt und wie dieser im gelebten Glauben genutzt wird.

Anhand des Informationstextes kannst du nun die folgenden Fragen beantworten:

In welchem Zusammenhang steht der religiöse Gegenstand im religiösen Alltag? Welche Bedeutung hat er in der religiösen Praxis?

Im Voodoo-Fetischismus glaubt man an Geister oder übernatürliche Kräfte die in einem bestimmten Gegenstand wohnen, daher werden diese Gegenstände als heilig verehrt.
Mit dem Gegenstand wird in einem Ritual Verbindung zum Überirdischen aufgenommen.
Durch einen rituellen Tanz wird der Zustand der „Trance“ erreicht. Die Trance steht für die Verbindung der Gottheit und des Vodunsi.

Kennst du etwas Vergleichbares? Hast du Gegenstände kennengelernt, die eine ähnliche Aufgabe haben? Hast du religiöse Handlungen erlebt, die auf Ähnliches verweisen?

In Religionen werden üblicherweise heilige/religiöse Gegenstände angebetet und verehrt. Man setzt sich durch diese Gegenstände in Verbindung mit der jeweiligen Gottheit und äußert Lob, Dank, Klage usw.

Präsentiert die Ergebnisse und diskutiert sie im Klassenverband!

Portfolio

Thema: Religion dieser Welt

Bei der Erstellung deines Portfolios darfst du das Internet verwenden. Selbstverständlich sollst du dich auch mithilfe von Büchern informieren.
Für ein vollständiges Portfolio benötigst du ein geeignetes Deckblatt. Dieses soll die folgenden Angaben enthalten: Name, Klasse, Schuljahr, Thema. Passende Zeichnungen und Bilder gehören ebenfalls dazu.

<u>Bearbeite die folgenden Aufgaben:</u>

1. Recherchiere nach fünf geeigneten Bildern, welche „gelebte Religion" veranschaulichen. Notiere dazu jeweils eine passende Bildunterschrift.

2. Entscheide dich für ein religiöses Symbol. Stelle dieses Symbol in Form eines kurzen Steckbriefs vor. Auch jemand, der dieses Symbol nicht kennt, soll mithilfe deines Steckbriefs wissen, was daran besonders ist und welche Bedeutung es für den „gelebten Glauben" hat.

3. Recherchiere nach einem Zitat, das in Zusammenhang mit einer Religion steht. Schreibe deine persönliche Meinung zu diesem Zitat.

4. Religion und Politik stehen häufig in einem Zusammenhang. Beschreibe eine aktuelle Situation. Gerne kannst du dafür auch Zeitungsausschnitte verwenden. Schreibe auch deine persönliche Meinung dazu nieder.

5. Religion hat stets etwas mit zwischenmenschlichem Verhalten zu tun. Notiere, welche Religion dich dahingehend anspricht. Begründe deine Meinung.

6. Welche Aufgaben sind dir gut gelungen? Wo hattest du Schwierigkeiten? Notiere deine Gedanken!

7. Was hast du bei der Portfolioarbeit gelernt? Beschreibe deinen Lernzuwachs!

8. Welche Fragen sind noch offen? Worüber möchtest du noch mehr erfahren? Notiere deine Gedanken!